本书由上海文化发展基金会图书出版专项基金资助出版
"十二五"国家重点出版物出版规划项目

当代哲学问题研读指针丛书
逻辑和科技哲学系列
张志林 黄翔 主编

逻辑真

邵强进 著

Logically True

复旦大学出版社

内容提要

自古希腊柏拉图以降,对"真"的分析一直受到哲学、逻辑学、语言学等多学科共同关注,近年来对"真"概念的讨论与技术化处理又成为逻辑学界的热点。本书试图从语形、语义及语用三方面,分析不同领域、不同用法及不同理论体系中的"真";并力图区分"真理"、"真命题"与"真"三个基本概念:"真理"是在观念中的东西,"真命题"是在语言层面上的存在,而"真"则是真命题所承载的一种属性;"真"作为一种属性,存在从不同角度的定义;但也有理论指其不可定义;借助于逻辑技术化方法,可以把"真"视为不加定义的初始谓词,形成真的公理化系统;但公理化的方法只是语形处理的一种尝试,对"真"的分析最终要回到理论语义及日常语用,因此,过程性、可错性与分析性、必然性在"真"之上的长期纠缠不可避免。

作者简介

邵强进,1971年生,浙江金华人,复旦大学哲学学院教授。先后在复旦大学哲学系逻辑学专业、复旦大学管理学院企业管理专业获得哲学硕士(1995年)、管理学博士(2001年)。多年以来致力于逻辑基础研究,专业研究方向为逻辑哲学、逻辑史、应用逻辑等,研究领域包括真与悖论问题、实用主义逻辑、东西方思维方式的比较研究等。已经出版的论著包括《逻辑与思维方式》(编著)、《杜威全集·晚期著作(1925—1953)·第十二卷(1938)》(第一译者)等8部,发表论文数十篇。现任上海市逻辑学会秘书长兼副会长,上海市思维科学研究会副会长,中国逻辑学会常务理事、副秘书长。

鸣 谢

本课题研究得到下列基金的资助：

1.上海市教育委员会科研创新重点项目"贺柏和'真'之公理化理论研究"（项目编号：14ZS019）。

2.复旦大学"985工程"三期"逻辑指针系列丛书项目"。

丛书序言

哲学这门学科特别强调清晰的概念和有效的论证。初学者在首次接触哲学原典时难免会遇到两重技术上的困难：既要面临一整套全新又颇为费解的概念，又要力图跟上不断出现的复杂论证。这些困难是所有初学者都要面临的，并非中国人所独有。为了帮助初学者克服这些困难，西方尤其是英语学界出现了大量的研读指针读物，并被各大学术出版社如牛津、剑桥、劳特里奇、布莱克韦尔等，以 Handbook、Companion、Guide 等形式争相编辑出版。另外，网上著名的《斯坦福哲学百科全书》也具有相同的功能。这些读物解释了哲学原典中所讨论问题的历史背景和相关概念，提供了讨论各方的论证框架，并列出相关资料的出处，为学生顺利进入讨论域提供了便利的工具。可以说，绝大多数英语国家中哲学专业的学生，都曾或多或少地受惠于这些研读指针读物。

本丛书的基本目的正是为中国读者提供类似的入门工具。丛书中每一单册对当代逻辑学和科技哲学中的某一具体问题予以梳理，介绍该问题产生的历史背景和国内外研究的进展情况，展示相关讨论中的经典文献及其论证结构，解释其中的基本概念以及与其他概念之间的关系。由于每册都是从核心问题和基本概念开始梳理，因此本丛书不仅是哲学专业的入门工具，也可以当作哲学爱好者和普通读者了解当代哲学的一套具有学术权威性的导读资料。

丛书第一批由复旦大学哲学学院的教师撰写，他们也都是所述专题的专家。各单册篇幅均不甚大，却都反映出作者在喧嚣浮躁的环境中潜心问学的成果。在复旦大学出版社的积极倡导下，本丛书被列入"国家'十二五'重点图书"，并获得"上海文化发展基金"的出版资助。对复旦大学出版社的大力支持，对范仁梅老师的辛勤劳作，丛书主编和各册作者心怀感激之情！在此还值一提的是，身为作者之一的徐英瑾教授特为每册论著绘制了精美的人物头像插图，希望它们能为读者在领略哲学那澄明的理智风韵之外，还能悠然地享受一些审美的愉悦。

张志林　黄　翔

2014 年 12 月

前言　互联网时代中的"真"之迷失

望远镜延伸了人类的视力,汽车延伸了人类的脚力,电话延伸了人类的听力,互联网则全方位地拓展了人类的智力,互联网+将在空间和时间上无限超越原有的限制。互联网不仅是信息的载体,也是知识的传播途径,更是创新的无穷源泉。互联网改变了人们的生活方式,同时也改变了人们的思维方式,互联网+时代中的真之迷失与追求是值得关注的话题。

互联网+时代中的真之追求有两层意义:

其一,中国互联网大会曾发出倡议,全国互联网从业人员、网络名人和广大网民,都应坚守"七条底线",营造健康向上的网络环境。这七条底线的最后一条是"信息真实性底线"。这是一条基础性的底线,同时,确立信息真实性既需要一种理性平和的心态,更需要相关逻辑论证的方法,它必须有逻辑理性为其基础。

其二,大学是研究学问的地方,而学问的第一动机是求真,所以,通常说大学是追求真理的地方。每个民族都在创造自己的语言,对世界进行切割,然后把真放在自己本民族的语言里;每个学科都对自己的研究对象进行切割,然后找到自己认为的真理。学术必须诚实,新闻必须真实,网络必须朴实,这些都应该与虚假无缘。什么是真?真是什么?需要理性的分析,更需要逻辑的证明。

一、网络新媒体背景下"真"之迷失

对信息的取舍、分析、评估方法是获取"真"信息的基本前提。目前有多种信息渠道为普通大众所熟悉,即报纸杂志、广播电视和互联网络,前两者属于传统渠道,但其中的信息一般与互联网络同步上传,故互联网络是主要的信息获取渠道。

人们接收的信息可以理解为一系列的命题。借助哲学家罗素(Bertrand Russell)的分类,我们的知识从来源上分为两类:一类是亲知的知识,其来源是个人的感知与实践;一类是描述的知识,其来源是非亲知的知识传递。报纸杂志、电视频道和互联网络的信息大都属于后一类。由于时空的局限,个体对外部世界的认识大多无法亲知、实践,且很大程度上正是以对报纸杂志、电视频道、互联网络所传递的诸多命题的理解、认知为基础。

通过互联网络,我们可以知道世界各国首都的天气状况;

通过网络直播,我们可以知道世界各地正在发生的大事、要事。但由于一切观察都不能做到绝对的客观,所有观察都有特定的前提,包括观察者的视角、方法和技巧。如波普尔(Karl Popper)所强调的:不存在培根(Francis Bacon)所要求的"无偏见的观察"或"中立的观察",而是"理论先于观察","一切观察都渗透着理论。没有纯粹的、无偏见的、不带理论的观察"(波普尔1986,171)。直言之,一切观察都不是客观的,都带有观察者预先设定的方式、方法。

因此,信息获取的方式、方法需要得到优先考察。但问题在于,由于现代网络生活的发展,新媒体带来思维方式、社会行为方式的巨大转变,其突出表现为:思维方式的简单化、社会心态的娱乐化、虚假失真的普遍化,等等。

1. 思维方式的简单化

网络是一把双刃剑,一方面,可以说出无数网络的成功与裨益;另一方面网络也可能使造假更为便捷,使诈骗更为高效,网络搜索可能使学术研究浮躁化,网络民主可能使社会舆论简单化、片面化。

我们看到,网络在创造信息沟通便利的同时,也加剧了虚拟世界的泛化。从逻辑系统的角度来看,网络世界可以理解为模态逻辑中的可能世界,但它与现实世界并不一致:个体在其中自我可以不同一,可以自我否定,自我并无太多约束规则。

微博、微信是新近出现的手机与网络相结合的社交载体，它们在信息传递的便捷与迅速方面无疑大有优势，但同时我们也应该注意到，它强化了人们思维的"经济"性和非理性。这是一个"屏幕"时代，现代人的生活基本上离不开手机、电脑、电视和电影，其共同点是屏幕，屏幕虽然有大小，但其基本理念是"聚焦"，短信有70字限制，微博是140字，电视剧约40分钟一集，电影约1个半小时一场，这种限制的怪圈，只是在简单性上看似与逻辑理性有共通之处，但在精确、严格方面与理性精神格格不入。

限于表达信息量，人们的思维易于简单化、论证跳跃化，结论的得出过程越来越精简，缺乏论证或论证不足比比皆是，人们不再习惯做出精细、严密长段的推理或论证，更无耐心查看自己的言论。这样很容易使网络推手误导民众、引导舆论而为己所用。因此在一定意义上，网络和媒体造就了不明真相的围观心理，无需充分根据的普遍怀疑，毋需担负责任的转发评论。

2. 社会心态的娱乐化

"屏幕"时代其背后有一个重要的理念是"快乐生活"。如果任由电视、网络主宰大部分人的信息来源，且接收者对这些信息没有正确、合理的方法与态度，就会导致一些非理性的现象：人们沉迷于《大话西游》中跨越时空的无厘头荒诞、武侠小说中大侠功夫的神奇与幻化、影视明星的光彩形象与骇人身价;大大小小各类产品大都有明星做形象代言人,人们更关注于代言人的外表而忽略了产品本身的质量;眼球经济使收视率成为万恶之源,有的新闻报道有意无意地偏离现实世界,社会不再自然、纯朴;不少娱乐明星哗众取宠,处事乖张,语言夸张,为人嚣张,更使得某些性别反差大、性别模糊的明星吸引众人围观。

据中国科学技术协会第八次中国公民科学素养调查显示,2010年中国具备基本科学素养的公民比例达到3.27%[①]。其中,了解必要科学知识的公民比例为14.67%,掌握基本科学方法的公民比例为9.75%,崇尚科学精神的公民比例为64.94%。与日本、加拿大、欧盟等主要发达国家和地区相比,中国公民科学素养水平落后20年。

在社会科学素养水平亟待提高的情况下,电视媒体的收视率导向、网络信息的关注度效应,促使民众生活的各个方面都显现出娱乐化、扭曲化的特征,其中根本性的一点是思维方式的非理性化,使思维方式易于走向极端且可能背叛逻辑理性:不少小品、相声中充斥着违反常识的装傻卖呆、违背常理的插科打诨、违反逻辑的自相矛盾,把弱智、诡辩当笑料;有的网民以一种轻松、调侃的方式展开对是非、对错、好坏等的价

[①] http://www.china.com.cn/aboutchina/txt/2011-02/23/content_21983310.htm.

值评判,不顾及甚至有意掩饰自己的立场预设、方法缺陷;有的网民在轻易接受一些未经证实或夸大扭曲信息的同时,又形成偏执怀疑、滥用舆论审判的思维习惯。这种娱乐化的社会心态、非理性的思维方式,使人们不知不觉忘记了自然与真实,淡泊了"真"之追问,迷失了"真"之追求。

3. **虚假失真的普遍化**

改革开放三十余年来,中国人的思想观念发生了很大的转变,其中一点是由"政治人"开始了向"经济人"的觉醒。集体主义观念随着"阶级意识"的淡化而不断受到冲击,而在20世纪初传入中国的实用主义再次掀起热潮。

个性自由、个性独立、发扬自我、完善自我这些存在主义和意志主义早就喊过的口号被实用主义地拿来,成为当代人时髦的生活准则。人们不再以领导、上级的旨意为自己的思想,不再以集体及社会的利益为着眼点,不再把自己淹没于集体之中,甘做一枚螺丝钉;事实是,人们开始较多地独立思考,以个人发展为主旨选择自己的行为取向,在道德原则上突出私人的名利,都希望自己当老板,"宁为鸡头,不为牛后"。

实用主义的个人本位价值观对于传统儒家群体价值观当然持否定态度。当物质利益成为人们价值观念的主导,人们不再以某种既定的规范和准则约束自己的行为,调整人们的社会关系,而代之以结果的有用性为判断事物、规定行为的标准。传统的东西,包括儒家道德,都被弃之一边,人们不再对自己的行为问一声"应该"与否,是否合于道德?而是问这种行为"有利"与否,是否有实际的效果?或者,把传统与现实以另类的方式结合起来,权钱交易——"名"是"利"的途径和手段;虚其"名"而"实"其利,——明处做"君子",暗处做"小人";嘴上做"君子",行为做"小人"。

当个人主义走向利己主义,则进一步导致社会上的"名""实"散乱,不正之风盛行。突出的表现是,"假"——商品经济中最典型的"名实不副"——四处泛滥,人们经常看到公孙龙"白马非马"式的诡辩模式出现在商业欺诈中,似乎一切都可能有假。"假"首先是"物名"之假,名之不正,如假冒伪劣产品、假广告、假钞票、假车票、假数据、假信息;其后是"人名"之假,言之不顺,如假证明、假合同、假信用卡、假信用证(其本质是上面的签名为假或对签名不负责任);再次是"刑名"之假,刑罚不中,法律有名无实,《中华人民共和国企业法》颁布多年,国有企业作为市场主体的地位和自主权仍未落实;《中华人民共和国药品管理法》实施以后,制造贩卖假药的现象仍屡禁不止;《中华人民共和国商标法》宣布生效多年,假冒伪劣商品却充斥市场,而且有愈演愈烈之势。

思维方式的简单化、社会心态的娱乐化、虚假失真的普遍化,使得"真"常常迷失,不知所以。网络舆论审判的那种普遍的怀疑、无端的惴测、激进的批评盛行,更使得使人们与"真"渐行渐远。

二、"真"之追问需要理性平和的思维方式

普通民众易于被电视、网络迷惑或误导,从而扭曲了现实,迷失了真理。对"真"之追求首先要有对所得信息的正确理解,最关键的是在一定的理性基础上,切实提高科学素养,即知道必要的科学知识,掌握基本的科学方法,崇尚科学的理性精神。

"真"之追求的出发点,在于理性的"真"之追问。首先需要对"真"进行语言学的分层次剖析,进一步确立真的研究路向,并对"真"的种类及其相互关系做出解释。

1. 真之语言学三层次

"真理"是逻辑乃至人类思想共同的追求,而"真"是逻辑哲学研究的重要概念。什么是"真","真"是什么,"真"有几种,"真"如何确定?这是语言学、逻辑学、逻辑哲学共同研究的话题。根据 1885 年 C·S·皮尔士(Charles Sanders Peirce)提出的三元组概念,对"真"的分析可以有语形、语义和语用三个方面[②]。

2. 真之研究的三种路向

依照前述三个层次的划分,我们可以得出对真之追求的

[②] 详见本书第一章。

三种路向③：

一是在语言之中的真,作为语言学的研究对象。这里的语言学是广义的,包括自然语言和人工语言,而在一定意义上说,现代逻辑学则是对人工符号语言的系统研究。真在其中呈现出分析与综合两方面的性质：分析的真与综合的真(Kahane,H. 1990)。

二是在思想之中的真,作为认识论的研究对象。真在其中呈现出先验与后验两方面的性质：先验的真与后验的真。

三是在世界之中的真,作为形而上学的研究对象。真在其中呈现出必然与偶然两方面的性质：必然的真与偶然的真。

显然,上述路向相互之间多有交叉,比如分析的是为必然的,综合的是后验的；但先验的是否是综合的,必然的是否为先验的,哲学家们大都有不同的认识,千百年来不同的理论争辩不休,但从根本上说,关键在于真的标准与确定方式。这有赖于逻辑理论的根本完善。

三、理性平和的关键在于"真"之实践

真之追求在于"真"之实践。因为,只有人类社会性的实践才能真正从语形、语义和语用三个层面,把对"真"概念的理

---

③ 详见本书第一章。

解统一起来;只有人类的社会实践才能从事物、对象与认识三个方面把"真"统一起来;也只有在人类实践的历史发展过程中,"真"本身存在着的逻辑性、过程性与社会性才会统一起来。

"真"之实践必须与实践者的思维方式相结合。通过对先秦时期诸子思想的考察发现,中国传统的思维方式具有不同于西方的某些特点:一是在概念认识过程中对内涵的强调与在思维过程中模糊语言的应用;二是在推理过程中对整体化思维的强调与形式、系统化的逻辑构造的缺乏;三是在伦理化社会中法律权威性弱化、法制而非法治的思想意识(邵强进 2004a)。因此,传统思维方式的转型或改造非常值得关注。

但思维方式的改造、公民科学素养的提升是漫长、渐进的历史过程,可以认为,如何改造传统思维方式、提升公民科学素养是中国社会发展的战略难题之一。中国科学技术部于2012年发布的《国家科学技术普及"十二五"专项规划》提出,到2015年,使中国公民具备基本科学素质的比例超过5%,实现国家科普能力明显增强,科普事业发展体系进一步完善。为达到此目标,科技部也出台了具体的相关政策④。

《墨子·小取》有云:"……辞行而异,转而危,远而失,流而离本,则不可不审也,不可常用也。故言多方、殊类、异故,

---

④ http://www.chinanews.com/gn/2012/05-09/3876823.shtml.

则不可偏观也。"这说明对于"辞"（命题）的辨别能力的重要性,也即,强调理性思考分析能力的训练与培养。但当前整个社会都在强调创新,孩子们从小就得到教育,要与众不同,不墨守常规,在对常规没有清楚而理性的认识之前,这种教育恰恰使他们缺失了对规则、基础的认同。他们对于逻辑思维所体现的动人心弦的形式美大都漠然视之,对逻辑形式的要素、结构、层次、系统的清晰严谨的程式分析和模式概括兴味索然。因此,对于在武侠、动漫、网游和娱乐新闻环境中成长起来的下一代,更应当有意识地培养其科学素养,使其成人后做一个理性、守法的公民,能认真分析思考,有责任,有担当,自我同一,言行一致。

面对各种网络信息的多方、殊类、异故,在做出某个结论之前,首先要反省自己的可能立场预设与方法缺陷;对于某些未经证实或夸大扭曲的信息,不应轻易展开是非、对错、好坏等价值评判;更应该以理性平和的心态,运用相关的逻辑技巧,基于根本性的事实,坚守信息真实性的根本底线。我们认为,逻辑素养的提升,不仅能增进社会和谐,也能降低社会管理成本,提升法治管理的效率,从而促进社会管理创新。

人们生活在培根"四假象"的包围中,说真话不简单、不容易、不确定。正如尼采（Friedrich Wilhelm Nietzsche）所分析的,人作为认识的动物追求真理,永远逃不出非真理。人们关于知识的信念也因"盖悌尔问题"而受到一致性的挑战。

因此,"真"之追求是过程性的、探究性的。而理性的真之追问是建立在逻辑方法基础之上,并且无论是归纳、类比,还是演绎,作为一种科学的方法,它最终都需要有观察事实为其基础。由此,理性平和是返璞归真的前提,理性平和也是消除社会戾气的有力武器,理性平和也是获得"真"之基本途径。

目录

第一章 多重视角下的"真"概念 / 1
 第一节 "真"的语言学视角 / 2
 第二节 "真"的哲学视角 / 13
 第三节 "真"的逻辑视角 / 20
 第四节 真与逻辑悖论 / 24

第二章 经典"真"之符合论 / 37
 第一节 亚里士多德的符合论 / 38
 第二节 符合论的现代解释 / 47
 第三节 当代符合论的困境 / 56

第三章 "真"之语义论 / 76
 第一节 语义"真"的定义 / 77
 第二节 "真"的形式处理 / 81
 第三节 语义论的发展 / 86

第四章 "真"之语用论 / 89
  第一节 实用论 / 90
  第二节 冗余论 / 109
  第三节 紧缩论 / 113

第五章 "真"之公理论 / 120
  第一节 融贯论 / 121
  第二节 真的不可定义性 / 127
  第三节 真的公理化进路 / 132

第六章 "真"与真理 / 149
  第一节 真与真理的区分 / 150
  第二节 三种"真"的传导机制 / 158
  第三节 从逻辑的观点看"真" / 162

结语 "证明 A 是 A"的逻辑思考 / 179

参考文献 / 184

后记 / 195

第一章
多重视角下的"真"概念

正像"美"这个词为美学、"善"这个词为伦理学指引方向一样,"真"这个词为逻辑指引方向。

——弗雷格(Gottlob Frege)

我们发现"真"的普遍与客观,我们强调真的重要性,我们赋予真很多美好的愿望。比如:吾爱吾师,吾更爱真理;学问的第一动机是求真;平平淡淡、从从容容才是真;等等。虽然真很常见,但对大多数人来说,"真"这个词有可能是未经反省的。

什么是"真","真"是什么,"真"有几种,"真"如何确定?这是语言学、社会学、逻辑学、逻辑哲学共同研究的话题。长久以来,人们基于不同的视角,形成了不同的关于"真"的理论,例如,符合论、实用论、语义论、融贯论、冗余论,等等,各有千秋。随着逻辑学的现代发展,逻辑哲学研究逐步兴起,为我们探讨这些问题提供了语言的逻辑分析这一理论工具,"真"这一古老的概念正受到理性思辨的全新审查。

第一节 "真"的语言学视角

早在1885年,C·S·皮尔士提出仅有三种基本关系类型:一元的、二元的和三元的。汉斯·赫兹伯格(Hans Herzberger)称其为"皮尔士的著名定理"(Peirce's remarkable theorem)。由三元组的结合就能产生比三元多得多的所有关系;而所有这些比三元多得多的关系能还原为三元组(布伦特2008,460)。皮尔士构想的知识逻辑体系,它只包括三个范畴:第一、第二与第三。就指号而言,有对象、解释项、被解释项,就指号学而言,其分析方法可以有语形、语义和语用三个方面。我们对真的分析也是如此。

一、真的语形表达

在中国,"真"这个词古已有之。从语形来看,古汉字"真",本义为珍宝,本是珍的初文,借用为真字。许慎在《说文解字》中释"真"为会意字。如图1-1所示:

图1-1 古汉字"真"

"真,仙人变形而登天也"(许慎1963,168),从匕,从目,从乚(音隐);八,所乘载也。如《庄子·外篇·刻意》有云:"能体纯素,谓之真人。"道家认为,修真而得道的仙人能够变化形体而飞升上天。"匕"为变化,从倒人,为倒写的"人"的象形;"目"即眼睛,为经常变化的代表;"乚"指隐身于无形;"八"是

"兀"的省略,指仙人借助升天的载具,如草鞋之类。这里的"真"乃是人的一种超越的生存状态,它与我们这里所谈论的"真"或"真理"并没有直接的关联。

与"真"(true)对应的是"假"(false),而"假"在古汉语中的对应的是"伪"或"非",先秦诸子中多人对"是""非"均有论述。但是,关于真假,在古代中国却极少提及(邵强进 2004)。许慎《说文解字》中对是、非、真、假的解释分别是:是,直也,从日、从正。古人以太阳正表示"是"的意思;非,违也,从飞下翅,取其相背;真,即"珍",本义为珍宝;假,非真也,从人叚声,一曰至也;虞书曰:假于上下;伪,引为贾也,从人为声。

作为哲学用语的"是""非",在不同的哲学家的解释中有不同的含义:

孟子认为人之为人有四"端",即:"恻隐之心,仁之端也;羞恶之心,义之端也;辞让之心,礼之端也;是非之心,智之端也。"(《孟子·公孙丑章句上》)孟子认为,这四端犹如人的四肢,缺一不可。他把是非列为四端之一,足见他对是非的重视。

荀子对"是""非"也给予足够重视:"是是、非非谓之智,非是、是非谓之愚。"(《荀子·修身》)这句话是说:能明辨是非的,就是有智慧的;而是非不分,则是愚蠢的。

墨子更是将"明是非"放在"辩"的六大任务之首:"夫辩者,将以明是非之分,审治乱之纪,明同异之处,察名实之理,处利害,决嫌疑。焉摹略万物之然,论求群言之比。"(《墨子·小取》)在墨子看来,明是非的目的是为了审治乱,而明同异、察名实、处利害、决嫌疑都为这两个主要目的服务。

在先秦时期,与"真"相对的是"伪",而不是"假"。对"真""伪"有所提及的是在《四库全书》的《孟子·题辞》中。至于"假"这个字,有许多的含义,使用最多的是"借、假借"的意思,但它也有"不正确、错误"的含义。在《墨子·经说下》中就有这样一句话:"假必非而后假。"

显而易见,在先秦逻辑中,判断"是非""真假"的标准,首先是是否符合道德,然后才有真假之分。只有合于道德,才可能是真的;只要不合于道德,就一定是假的。

有关真的现代词组颇多,有真正、真实、真诚、真心、真情、真迹、真相、真理、真值、真假,等等,真在其中有着不同的意思,但逻辑研究的主要是最后几种,即真值的真、真假的真[①]。汉语真假的"真"对应于英文是 true 或 truth,对应于德文是 wahr 或 wahrheit。truth 与 wahrheit 又常译为真理,在印度被称为"tathatā"(真如),古汉语中对应于西方真理的词则是儒家所说的"诚"。这些词在它们各自所属的智慧型态中都具

[①] 王路先生指出,在我国的哲学译著中,关于"truth"(或"wahrheit"这个极其明确而清晰的概念的翻译,我认为是非常混乱的。它的译法有:"真""真性""真理""真实性""真理性""真值""为真""真理概念""真错""正确"(W·V·奎因:《真之追求》,王路译,三联书店,1999年第一版中译本序,第5页)。

有大致相当而都非常突出的位置。大致上来说,不论是在西方,还是印度或中国,这些词所共同指向的那个东西都是人类认识所孜孜以求的最终目标。然而,它们在具有一定共性的同时,又分别展现出各自的特殊含义。

而真正能与西方所谓的"真"接上的,还是儒家所说的"诚"这个词。朱熹说:"诚者,真实无妄之谓,天理之本然也。诚之者,未能真实无妄,而欲其真实无妄之谓,人事之当然也。"(朱熹 1995,42)"诚"也就是"真实无妄"的意思,乍看起来,它与西方所谓的"真"似乎非常接近。

但究其根本,二者毕竟还是两回事,西方所谓的"真"是在知识层面上说的,儒家所谓的"诚"则是在伦常层面上说的。"诚"也就是"真实无妄"的意思,但西方所谓的"真"是在认识领域的真实无妄,而我们所谓的"诚"则是在伦理领域的真实无妄,或者说在道德形上学领域的真实无妄。所以,中国哲学中的"诚"所涉及的是一种生命的智慧(邵强进 2009b)。而这一点与印度佛学所谓的"真如"又有相通之处,所谓的"真如"所涉及的也正是一种生命的智慧,因为对真如的完满认识所导向的也正是通达彼岸的智慧(般若)。

正如《庄子》所说:"大知闲闲,小知间间"(陈鼓应 1983,43),"间间"也就是分别的意思。西方所谓的"真"正是在这个有分别的知识层面上说的,而印度和中国所谓的"真如"和"诚"则是在这个"闲闲"的无分别的智慧层面上说的。天道真实无妄,而人通过"诚之"的道德实践所实现的也正是那种"天人合一"的、与天道相契合的无分别的智慧。

在中国,"真理"一词亦古已有之,但它所指的乃是真如之理。而"真如"则是印度佛学所谓的"tathatā"在中土的译名。"tathatā"在印度佛学中的位置也正大致相当于西方所谓的"truth"或"wahrheit"。就其字面上来分析,tatha 是"真实"的意思,而 tā 则是一个抽象名词的词尾,也即"……性"的意思,所以"tathatā"的正译当为"真实性"。而从字源来说,tatha 乃从"如是"引申而来,所以它也可翻成"如是性"(吕澂 1991,410)。因而真如的本义也就是"如是如是"(suchness)的意思。用西方的语言来表达,"tathatā"其实是一个用作代词的形容词,它所形容的是世界的本然状态。在印度佛学看来,世界的本然状态也就是世界在名言(语言)和感官的分别尚未加之于其上的状态,一言以蔽之,也即世界之在其自身(the world in itself)的状态。这么一种本然的状态,在印度佛学看来才是最终的真实[②]。

其实,"tathatā"与"wahrheit"从构词上来看是非常相像的,德语中的 heit 也是一个抽象名词的词尾,而 wahr 也就是"真的""真实"的意思。在德语中,与"wahrheit"相关的还有一个"wahrnehmung",这个词是"感知"的意思。"nehmen"是

[②] 这里关于印度思想中的"真如"等概念认识得到汤铭钧的分析帮助。

"拿""取"的意思。所以从字面上来看,"wahrnehmung"也就是"我们的感官认之为真"的意思。而回过来看,"wahrheit"也就是与我们的感官相联系的真,或者说为我们的感官所认取的真。

感官所认取的真,在印度佛学中也有一个对应的名称,即"俗谛"(samvrti-satya),也即世俗的真(secular truth),而真如则是绝对的真(absolute truth)。所以,相对于我们的感官而言,tathatā 是超越的,而 wahrheit 则是内在的;tathatā 是离分别或者说无分别的,而在感官中的 wahrheit 则是有分别的。

经由以上的粗略比较我们发现,东西方人对于"真"都有各自的独特感悟,而都将其各自所认取的"真"推到了理论的至高位置。但他们各自所说的"真",在具有一定共性的同时,又展现出各自的特点。相比之下,西方所谓的"真"是一种在知识层面上的有分别的、内在于我们的感官认识的"真",而印度人所谓的"真如"则是一种在智慧层面上的无分别的、超越于我们的感官认识的"真"。进而与儒家的"诚"相比,西方所谓的"真"主要侧重于知识的层面,而我们所谓的"诚"则更加侧重于伦理的层面。

因此,不妨以"真"来对译作为一种属性的"truth"或

"wahrheit",而以"真理"来对译作为认识结果的"truth"或"wahrheit"③。这一方面与"真理是标志主观同客观相符合的哲学范畴,是人们对客观事物及其规律的正确反映"(李秀林等1995,351)这一规范的定义不相违背;另一方面也尽可能地在现代汉语中保留了"truth"或"wahrheit"在西方的本义。

二、"真"的语义分析

现代逻辑与传统逻辑一个很重要的区别在于前者研究的是人工语言或符号语言,而后者主要是对日常语言或自然语言进行分析。随着现代逻辑的发展,对"真"的研究也进一步得到深入。

现代逻辑的思想先驱莱布尼兹(Gottfried Wilhelm Leibniz)曾提出"语言是人类理解的一面镜子"的说法,而在德国真正现代意义上对语言所做的分析却始于赫尔德(Johann Gottfried Herder)。他在《语言的起源》(*Origin of Language*)一书中问道:"如果没有语言,人类能够在多大程度上进行思维?借助语言,他可以进行什么思维?"(赫尔德1998,36)并对语言的起源、语言的发展演变以及与人类理性的关系做了比

---

③ "真"是否是一种性质,这还是一个有待商榷的问题,这一点在真之冗余论中体现得尤为明显。这里我们主要是按照惯常的看法而姑且认为"真"是一种性质。

较详尽的分析。赫尔德认为,形而上学的考察因此也可以成为关于人类语言哲学的考察。通过语言我们学会思想,并且通过它我们分辨或者连接概念。按照汉斯·斯鲁格(Hans Sluga)的看法,正是"始于赫尔德的语言考察引起德国语言研究的持续发展并最终导致了弗雷格与维特根斯坦的语言观的促成"(Sluga,H. 1980,20)。

现代逻辑的创始人之一弗雷格提出了"真值"概念(陈嘉映 2003,59)。所谓真值,也就是说:一个命题可能是真的,也可能是假的,而当它为真时,它所具有的真也就是这个命题的真值;当它为假时,它所具有的假也就是它的真值(陈嘉映 2003,59)。因此,真值指的是命题的真假值,一个命题是真的,则其取值为真,一个命题是假的,则其取值为假。一个命题或真或假的性质,被称为命题的真值。

说"……是真的",句中的省略号"……"即真值承担者。什么东西才有真假,什么能被称之为有真值,除了弗雷格所说的命题,还可以有语句、陈述或判断等几个备选答案。还是以"'这张桌子上有一本《呐喊》'是真的"为例,"这张桌子上有一本《呐喊》"可以指命题,也可以指语句、陈述或判断。

命题是一组同义的陈述或语句所共有的东西,亦指一个语句或陈述所反映的内容。"这张桌子上有一本《呐喊》"这个命题反映的是"有一本名叫《呐喊》的书在某张特定的桌子上"这样一种状况。语句在自然语言中指语法上正确和完整的表达式串,在人工语言中则是符合一定形成规则的合式公式。"这张桌子上有一本《呐喊》"这个语句表达的是《呐喊》一书与桌子相互之间的某种特定关系;陈述则介于语句与命题之间。语句可以有不同的载体,当我说"这张桌子上有一本《呐喊》",你也说"这张桌子上有一本《呐喊》",他在黑板上写下"这张桌子上有一本《呐喊》"的字样时,我和你做了相同的陈述,我说的语句和他写的语句表达的是相同的命题。而判断则是对于命题内容的断定,它涉及判断者的某种类似于法律上的举证责任,即需要对命题内容的肯定或否定给出一定的根据。当我们离开某个特定的语境,前述命题、陈述和判断在真值上都有可能发生变化,可以说,语句的"真"偏重于语言的表达性,而其他几种"真"则偏重于语言的表谓性。

在这一对于真值的界定中,我们假定了命题是真值的承担者。然而,什么是真值的承担者?历来有各种不同的说法,而主要的答案莫过于三种,即:语句、陈述和命题。宽泛一点说,它们都可以作为真值的承担者,但是哪一个更为根本呢?也就是说,在语句、陈述和命题这三者中,哪一个是原初意义上的真值承担者,而其余的两者都是通过它才得以成为真值承担者的呢?

所谓语句,是任何在语法上正确和完整的自然语言表达式串。语句主要有两种,一种是疑问句和祈使句,一种是直陈句。苏珊·哈克(Susan Haack)认为,所谓直陈句,是指主要动词为直说语气的语句(苏珊·哈克2003,94—95)。就比如："雪是白的。"这就是一个直陈句。当然,并不是所有的语句都是直陈的,例如："雪是白的?"就是一个疑问句,"请您开一下门!"则是一个祈使句。显然,疑问句和祈使句都没有真假可言,因为它们的目的都不是为了反映一定认识的真假。而只有直陈句才能反映一定的认识的真假,所以直陈句才有真假可言。既然语句并不都有真假,那么语句便不能作为真值的承担者。但是,直陈句能否作为真值的承担者呢?

更进一步,陈述也正是我们说出或写出一个直陈句时所说的东西。就比如,"雪是白的。"这个直陈句所说的是雪是白的,我们所说的雪是白的就是一个陈述。然而,当你通过言说做出"雪是白的"这个陈述和当你通过书写做出"雪是白的"这个陈述的时候,这可以说是两个相同的陈述吗?它们的载体是不一样的,它们被说出和写下的环境也是不一样的。所以,我们只有在确定了两个陈述是"关于同样的东西说了同样的东西"(苏珊·哈克2003,95)的意义上才能说它们是两个相同的陈述,而在其他意义上,它们也还是两个不同的陈述。既然陈述无法在不同的环境中保持自身的同一性,那么它也就不能作为真值的承担者,因为确定的真值必然要求在不同的环境中保持自身的同一性。相应地,直陈句显然也不能作为真值的承担者。

如果将命题视为一组同义的陈述所共有的东西,那么,若两个陈述具有相同的意思,则它们所表达的就是同一个命题。如上,当两个陈述"关于同样的东西说了同样的东西"的时候,这个关于同样的东西所说的同样的东西也就是这两个陈述所表达的同一个命题,而这两个陈述也只有在它们共有一个命题的意义上才是相同的。从根本上来说,命题也就是我们在表达相同意思的不同陈述中保持不变的东西,所以命题才是原初意义上的真值承担者。因为,命题不随环境而改变自身的同一性,而且所有的命题都必然是有真有假的。而陈述则由于它们承载了命题,所以也可以说是真值的承担者,当语句是以直陈的方式出现的时候,便相应地也可以作为真值的承担者。但是陈述和语句(直陈句)之为真值承担者则是在次一位的意义上说的。只有命题才是原初的真值承担者,这也就证明了我们在界定真值的时候所做的假定其实是可以成立的。

说"……是真的",什么东西才有真假,什么能被称之为有真值?在语句、陈述、命题、判断等备选答案中,语句的"真"偏重于语言的表达性,而其他几种的"真"则偏重于语言的表谓性。一定意义上,在"判断-命题-陈述-语句"序列中选择哪一个为真值承担者,反映出不同研究者对于此问题的关注从传统逻辑到现代形式逻辑的不断发展,即从判断的语境性、命题的认识性、陈述的主体性,向语句的形式性不断过渡,而我们认为,在现代逻辑纯粹形式的意义上,真值承担者应该是撇开了语境性、认识性与主体性的语句。

三、"真"的语用解释

在日常生活中,对"真"一词的用法,可以有三个层面,即对象层面、语言层面和思想层面,也可以说是事物的层面、言说的层面和认识的层面,与之对应的是事物之"真"、言说之"真"和认识之"真"(邵强进,2010)。

假设在你面前有一本鲁迅写的小说《呐喊》,则当某人说"这张桌子上有一本《呐喊》"时,事物之"真"指的是他面前那本书的事实,而我们通常没有必要说,"这张桌子上真的有一本《呐喊》",也即,事实的"真"是语言中默认的。

进一步,当另一人说"'这张桌子上有一本《呐喊》'是真的"时,我们还可以区分出语言层面的"真"和思想层面的"真"。说"……是真的",是一种语言的"真";若要判断语言的"真"成立与否,则需要把语言与对象相互比较,则为认识的"真"、思想的"真"。事物的"真"、思想的"真"总是隐蔽在语言的"真"后面。

我们说,逻辑学是一门求真的科学,这里的"真",指的是语言的"真"、语形的"真"、逻辑的"真"。

第二节 "真"的哲学视角

自柏拉图(Plato)以来,"真"一直是一个哲学上的关键概念。哲学家需要"真"这个词,不仅因为"真"本身存在于哲学之中,而且哲学的很多领域都涉及"真"。实际上,认识论、存在论、伦理学的研究都离不开"真"。

我们可以从以下语义三角(见图1-2)进一步分析"真"概念。

图1-2 语义三角示意

首先,研究"真"有三个领域,语言、思想与世界,对应的学科分别是语言学、认识论、形而上学。其次,语言表达思想,思想反映世界,语言指谓世界,三者之间都围绕着"真"的概念,有语言中的真,思想中的真与世界中的真;实际上,通常存在的问题是,语词是否正确地(correct)表达了概念,概念是否充分地(adequate)反映了对象,语词是否真地(true)指谓对象。再次,对于不同领域的真命题,可以有不同的分析角度,从语言的形式结构上,我们可以区分出分析命题与综合命题;从认识的经验依赖上可以区分出分析命题与综合命题;从世界的形而上学特征上可以区分出必然命题与偶然命题。

因此，对"真"一词的研究，可以有三个层面，即对象层面、语言层面和思想层面，也可以说是事物的层面、言说的层面和认识的层面，与之对应的是事物之"真"、言说之"真"和认识之"真"。

哲学家们习惯于从形而上学的角度对真做出论断，如，莱布尼兹对真区分出理性的真与事实的真，康德（Immanuel Kant）批判哲学界定的是分析的真与综合的真，黑格尔（Georg Wilhelm Friedrich Hegel）所做的概念与对象相符的真与概念内容与其自身相符的真（奎因 1999，23）。依照前述三个层次的划分，我们可以得出对真之追求的三种路向。

一、语言之中的真

一是在语言之中的真，作为语言学的研究对象。这里的语言学是广义的，包括自然语言和人工语言，而在一定意义上说，现代逻辑学则是对人工符号语言的系统研究。真在其中呈现出分析与综合两方面的性质：分析的真与综合的真（Kahane 1990）。

分析的真指仅就其语言形式而能成立的真。一语句称作分析命题，若其语法谓词的意义为语法主词意义之全部或部分，否则为综合命题。比如，语句"所有单身汉是未婚的"。若设"单身汉"意为"未婚成年男子"，则显然谓词"未婚的"意为主词"单身汉"意义之部分,故语句"所有单身汉是未婚的"为分析的。而在语句"所有人是爱真理的"中,谓词"爱真理的"意非主词"人"意义之部分,故它是综合的。

进一步,分析的真还可分为两种:语言分析的真和句法分析的真。句法分析的真在于其分析性来自其形式(并逻辑词项的意义)而不是来自非逻辑词项意义。如句法分析命题"所有中国人是中国人"为真,因所有形如"所有——是——"命题为真。语义分析的真在于其分析性不唯来自其形式,还来自非逻辑词项意义。仅部分形如"所有——是——"命题(例如:"所有单身汉是未婚的")为真,抑或为分析的,抑或为先验可知的。欲判定语义分析真理"所有单身汉是未婚的"之真值,不唯须知其形式,亦须知非逻辑词项"单身汉""未婚的"之意义。

二、思想之中的真

二是在思想之中的真,作为认识论的研究对象。真在其中呈现出先验与后验两方面的性质:先验的真与后验的真。

给定一已经被接受为"知识"的语句或命题,首先可问:它如何被知道?术语先验的和后验的与前一问题相关——一事物怎样或者如何能够被认识(Kahane 1990)。

至少某些知识确实是属于先验的,逻辑定理就是例证。某些知识则不是这样。相信"文科图书馆藏书都是逻辑书"

(假设这恰巧是真的)不同于相信"天要么下雨要么不下雨"的信念。我们不能先验地知道它是真的,如果要验证这一真的信念,我们(某人)必须核查该图书馆的所有藏书,所以称该语句为后验可知。一个语句或命题被称作后验可知,如果它的真值不能于有关该语句或命题一类事物的经验之前被知道,而需要某种或其他的经验(可以观察的)证据判定它的真值。

试看语句:"明天要么下雨(某特定地点)要么不下雨。"符号化为 $R \vee \sim R$,虽然可以亲自到该地观察是否下雨来断定它的真实性,但我们无须如此,用真值表分析法可以先于这一经验调查而断定它的真实性。所以语句 $R \vee \sim R$ 可以被称作先验可知。如果一个语句或命题被称作经验可知,那么它应该能够被断定为真,而无须有关该语句任何事物的经验。

在弗雷格哲学中,"真"概念也与思想有着密切的关系,思想能够被断定是以"真"概念的预设为前提的。"真"概念是一种柏拉图式的理念,正是有着"真"这样一种概念,才可能有关于"真"概念的体现。同时,弗雷格又指出,"真"概念通过思想向另外一种层次的推进来把握。这种"另外一种层次的推进"是一种主体认识能力对"真"概念的接近过程,然而需要强调的是,弗雷格认为思想的推进与"真"概念之间还有距离。"真"概念有一种独立认识主体信念的特征(任书建2012)。

弗雷格是严格意义上的实在论者,很大程度上在于他从来就是试图在思想(thought)与"真"概念之间保持某种张力,在《思想》一文中,弗雷格通过对主观表象、物理对象和第三世界的区分对思想做出实在论的规定。关于两者之间的关系,弗雷格说道:

> ……由此可以得知,思想与真的关系不能比作主词与谓词的关系。(在逻辑意义上理解)主词和谓词确实是思想的部分,它们处于认识的同一层次上。人们从主词和谓词的结合仅仅达到思想,绝不是从含义上达到其意谓,也不是从思想达到其真值。人们在同一层次活动,而不从一个层次进展到下一个层次。一个真值不能是一个思想的一部分。正如太阳不能是一个思想的一部分一样,因为它不是意义,而是对象。(Frege 1984,164)

这里弗雷格指出,"真"概念是在对象意义上而不是在函数意义上理解的。思想与"真"概念处在不同的层次,但同时它们又存在着某种关系。从认识的角度来讲,这种关系就是从思想推进到关于思想的真假的外在理解;如果"真"概念具有内在结构,那么这种结构是不能借助思想以及对其断定来揭示的。借助思想来把握"真"概念只能在何者为真的意义上理解"真"概念的外延。

三、世界之中的真

三是在世界之中的真,作为形而上学的研究对象。真在其中呈现出必然与偶然两方面的性质:必然的真与偶然的真。

传统观点认为,先验的真与必然的真是紧密相联的,这就是说,一切先验的知识都是必然命题,一切必然的知识都是先验地知道的。但美国逻辑学家克里普克(Saul Kripke)强调应将先验性与必然性明确区分,前者属于认识论,后者则属于形而上学。

克里普克指出,当我们把一个陈述叫做必然的,这究竟意味着什么呢?我们不过是说,第一,该陈述是真的;第二,它不可能不是真的。当我们说,某种情况偶然是真的,我们是说,虽然它事实上是真的,但有可能情况不是如此。假如我们要把这个区别归属于哲学的一个分支,我们应该把它归之于形而上学(克里普克1988,IX)。

显然,上述路向相互之间多有交叉,比如分析的是为必然的,综合的是后验的;但先验的是否是综合的,必然的是否为先验的,哲学家们大都有不同的认识,千百年来不同的理论争辩不休,但从根本上说,关键在于真的标准与确定方式。这有赖于逻辑理论的根本完善。正如奎因(Willard van Orman Quine)强调的,一般地说,一个逻辑真理就是这样一个陈述,它是真的,而且在给予它的除逻辑畅想以外的成分以一切不同的假设的情况下,它也仍然是真的(奎因1987,21)。

第三节 "真"的逻辑视角

但逻辑学关注的是言说之真,亦即在语言中的"真",而事物的"真"、思想的"真"总是隐蔽在语言的"真"后面。举例来说,问题不是:存在外星生物是真的吗?而是:说"'存在外星生物'是真的"是什么意思?天体生物学家关心的是前一个问题,逻辑学家关心的是后一问题。

进一步说,逻辑学中的真,是弗雷格所说的"真值"的真。弗雷格是现代逻辑的奠基人之一,他从实在论的意义上考察真,强调区分主观的东西与客观的东西、心理的东西与逻辑的东西[④]。他认为,正像"美"这个词为美学、"善"这个词为伦理学指引方向一样,"真"这个词为逻辑指引方向。尽管所有科学都以真为目标,逻辑却以完全不同的方式研究真。它对待真有些像物理学对待重力或热,发现真是所有科学的任务,逻辑却是要认识真的规律(弗雷格2006,113)。

20世纪初,弗雷格对当时逻辑研究的心理主义倾向展开

[④] 关于弗雷格的实在论的"真"概念分析,参见任书建:《浅析弗雷格的"真"概念——从实在论的观点看》,硕士学位论文,指导教师:邵强进,复旦大学,2012年。

了批评。弗雷格认为，心理学考虑的涉及认知主体感性知觉方面的内容对于个体而言是有承载者的，并且会因为个体认知差异性呈现较大的差别。逻辑学与数学一样，它们的研究对象有着最高的确定性。在《逻辑》中他主要对心理学意义上的表象和思想进行了区分，他认为，心理主义就是指内容的内在性，心理主义就是唯心主义。

弗雷格对心理主义的抨击主要表现在1884年的《算术基础》和1892年的《逻辑》中。他在《算术基础》中说：

> 心理学的思考方式在哲学中占据主导地位，它甚至侵入逻辑领域。……例如，当施特里克(Stricker)把数的表象称为运动机能的、依赖于肌肉感觉时，数学家们在这里就不能重新认出他的数，就不知道该如何对待这样一句话。一种基于肌肉感觉建立起来的算术肯定会富有情感，但是也会变得像这种基础一样模糊。（弗雷格1998，第一版序）

他还在该书中提出了三条基本的方法论原则，其中的第一条就是"要把心理学的东西和逻辑学的东西、主观的东西和客观的东西明确区别开来"。弗雷格认为，心理主义之所以认为逻辑规律就是心理规律，归根结底就是没有把主观的东西与客观的东西区别开来。把对一个句子的思考与这个句子的真混淆起来，看来人们必须记住，正像当我们闭上眼睛，太阳不会消失一样，当我们不再思考一个句子时，它也不可能不再是真的。（弗雷格 1998，第一版序）

从《算术基础》中，我们可以肯定的是，弗雷格在对数的研究中，很大一部分都在对心理主义的驳斥中说明数学以及真的实在性。概念认识的历史不能替代概念的本质。发现真的过程同样不是真本身。认识一种科学的真在弗雷格看来，需要区分为两个方面：第一就是逐渐获得句子的途径，不同的人因为不同的认知过程会得到不同的回答；第二就是句子的真最终牢固确立的方式。与前者不同，后者的回答不是基于认知过程的差异，对它的回答与句子表达的思想有关。

逻辑的目标是追求真，而真是先验的，逻辑规律并不像心理学那样针对某一具体领域的真规律进行研究，逻辑学关注的是如何在各种具体的客观规律中发现它们如何是真的规律。逻辑学与心理学的不同首先表现在研究领域的不同。

弗雷格一直强调的是，逻辑是去发现"是真"的规律（discovering the laws of truth），而不是把某物看做是真的规律（the laws of taking things to be true or of thinking）（Frege 1977，2）。自然科学的规律性只是逻辑学考察的"真"的某种体现，心理学规律同样只是"真"的体现，而不是"真"自身。

"真"概念呈现的是完全意义上的唯一性,与认识主体的认识活动无关,更与认识主体的心理活动无关。他说道:

> ……可能在这些心理活动中有逻辑规律的参与么?我不想争论这些,但是如果这是关于"真"的问题,这种可能性是不充分的。因为在这样一种心理活动中也可能有一些非逻辑的东西掺杂其中从而背离"真"。我们的决定只有在我们逐渐知道"真"规律(laws of truth)之后,但是那时如果我们考虑的只是决定这样的心理活动是否最终能够无可非议地将某些事看做"真",我们就可能不再需要来自心理过程的具体解释和推导过程。(Frege 1984, 352)

逻辑学意义上的"真"概念与心理学意义上追求"真"的活动是截然二分的。弗雷格意义上的"真"的确立不在于它如何被认识主体认知活动推导出来,而在于"真"概念的本质如何依靠自身得到证明。应该说,弗雷格当时对心理主义的批评是有力的。因为他利用了完整的符号化语言,真正消除了个人主观因素对语言所承载思想内容的影响,并且通过与当时著名学者如胡塞尔(Edmund Gustav Albrecht Husserl)、罗素、维特根斯坦(Ludwig Josef Johann Wittgenstein)的通信,对将思想从心理主义驱逐出去,起到了关键的作用。

进一步说,"真"的逻辑视角有两个方向。一是,什么是"真";二是,"真"什么。而从逻辑的角度看,什么是"真",这是前述真值承担者的问题;"真"是什么,这是"真"的定义与标准、"真"的意义及检验方法、"真"的辨别与"真"的使用问题等各种不同的"真"理论。

第四节 真与逻辑悖论

一、逻辑悖论的定义

悖论(paradox)一词来源于希腊语,"para"和"doxa",意即"在人可以相信的之外",其原有的词义是与普遍接受的观点相反的陈述,现通常认为悖论是一种特殊的逻辑矛盾(张建军2002)。

而逻辑悖论则包含两个相反、甚或矛盾的命题,引导我们到显然合理的论证,它的标准形式是,$p \leftrightarrow \neg p$,即由前提 p 可推出 $\neg p$,并且由前提 $\neg p$ 可推出 p。

在各种悖论中,说谎者悖论最早得到哲学家们的关注,其基本形式是:

(S)这句话是假的。

如果 S 是真的,即它陈述了一个事实,所以它是错的。反之,S 是假的,它描述的与实际不合,所以它是真的。所以:

S 是真的,当且仅当,S 是假的。

自古希腊说谎者悖论以降,西方中世纪也曾出现过大量关于不解问题的讨论,大都与语义相关。然而在1900年前后的十余年中,随着朴素集合论的发展,新的悖论集中地出现。悖论不仅仅是数学界、哲学界所关注的对象,更重要的是引起人们对数学真理性和逻辑推理正确性的怀疑。

1926年,拉姆赛(Frank Plumpton Ramsey)把悖论分为逻辑的与语义的两类。前者如布拉里-福蒂悖论(Burali-Forti Paradox)、康托尔悖论(Cantor Paradox)、罗素悖论(Russell Paradox),它们可以用形式系统的语言,即对象语言予以阐述;后者如说谎者悖论(liar paradox)、理查德悖论(Richard Paradox)、格列林-纳尔逊悖论(Grelling-Nelson paradox),它们在不同程度上需要借用元语言来给予阐述。苏珊·哈克后将拉姆赛的逻辑悖论称为集合论悖论,其中包括集合、序数、属于等基本集合论概念(苏珊·哈克2006)。

二、悖论的传统分析

在康托集合论中出现悖论后,悖论问题成为数学界和逻辑学界共同认真研究的课题,严格说来,西方学术界对悖论的科学研究只有一百多年的历史(杨熙龄1980)。

悖论问题的关键在于:从显然无懈可击的前提出发,根据显然无懈可击的推理,为何得到矛盾性的结论。对于悖论的传统分析主要集中于两方面:一方面是分析悖论形成的推导过程所隐含的规则或前提;二是分析悖论组成要素的相关特性。

在悖论形成的推导过程中,通常包含着经典逻辑的二值原则,即所有的命题还是有真有假,或真或假,且非真即假,非假即真。根据该原则,一命题不真,即为假;一命题不假,即为真。

同时,在各种不同的悖论形式中,人们发现两个常见特点,一个是悖论中通常存在自我指涉,包括直接的自我指涉,如说谎者悖论和间接的自我指涉,如明信片悖论。这里的关键是如何限制自我指涉,区分哪些自我指涉是许可的,哪些是禁止的。另一个就是那种自我断言真假的说话方式,如我在说谎,我所说的是假的,等等。这里的关键是,明确真、假概念的用法,在什么情况下,以何种形式,断言真与假是许可的。

相应地,传统的悖论解决思路都是围绕二值原则、自我指涉和自言真假的讨论来展开。

三、解决问题的思路

由于悖论困扰着理性对于确定性、精确与严格的追求,解决悖论的尝试一直在进行。百年来,最著名的解决思路来自罗素的类型论、塔斯基(Alfred Tarski)的语言层次论和克里普克的有根论。

罗素相信所有悖论都源自同样的谬误,即违反了"恶性循环原则"(V. C. P)：任何包含一切的集合必须不是该集合之一，或者反过来，若假定某个集合有一个总体，其成员只能是借助该总体来定义，则所说的集合没有总体。在他看来，关于其一切成员的陈述是无意义的(Russell，B. 1908)。

恶性循环原则实际上是对自我指涉的限制，为避免恶性循环，罗素先后提出了简单类型论和分支类型论。在简单类型论中，论域被分成一个个层级，个体（类型 0）、个体的集合（类型 1）、个体集合的集合（类型 2），等等；相应地，变元都有一个类型下标，x_0 的变域对应于类型 0，x_2 对应于类型 1，……；等等。对形成规则的限制是：形如 $x \in y$ 的公式是良构的，仅当 y 的类型下标高于 x 的。简言之，个体不可能是它自身的元素。

在分支类型论中，罗素区分了"命题"（封闭的句子）和"命题变元"（开放的句子），并加下标表示不同的命题层次。同时，真和假也与下标有关，取决于命题在它们所处的层次中的次序。排序为 n 的一个命题的真假在 $n+1$ 的层次上决定。因此认为自身是真的说谎者悖论将成为不可表达。

塔斯基认为语义悖论有两个假定：

（1）该语言语义上封闭，即包括(i)指向自身表达式的方式，还有(ii)"真"和"假"这些谓词；

（2）坚持通常的逻辑规则（包括前述二值原则）。

因此，他将语言区分层次，包括对象语言 O、元语言 M、元语言 M′、……。在元语言 M 中包括(i)指向 O 中表达式的方式,以及(ii)"在 O 中真"与"在 O 中假"这些谓词;在元语言 M′中包括(i)指向 M 中表达式的方式,以及(ii)"在 M 中真"与"在 M 中假"这些谓词;等等。塔斯基通过语言层次论,限定了"真""假"谓词的使用方式,也使得自我断言真假成为不可表达⑤。

为解决悖论,克里普克提出了有根性的概念(groundedness),假定某人试图向另外一位不理解"真"的人解释这个语词。其方式可以是,某人可以断言一语句为真,仅当他有权断言该语句;某人可以断言一语句不真,仅当他有权否认它。例如,若哪位学习者有权断言 S,解释者就可告诉他,他有权断言"S"是真的;进一步,他可以把"真"的用法延伸到其他语句,例如,"'S'是真的"是真的。

有根性的直觉想法是,一语句是有根的,仅当它最终在这一过程中获得真值。在克里普克看来,悖论性的语句都是无根的,亦即无法通过一个不断有权断言的过程达到该语句的真值。在不断断言真假的过程中,语句相应地区分了层次,这与罗素、塔斯基的想法有一定的类似,然而与前两者对二值逻辑的维护不同,在克里普克的理论中,真并未完全定义,而只是部分地被定义,真是在进程中获得的,亦即,在确定有权断

---

⑤ 详见本书第三章。

克里普克(Saul Aaron Kripke, 1940—)

定某语句之前,经典二值原则不成立。

克里普克主张事实上自然语言能包含对自身的真值谓词而不引起矛盾。下面显示了他是如何构造的:

首先,从一个自然语言语句的子集开始着手,它不含有任何表达式"是真的"(或"是假的")存在。所以,"谷仓是大的"包含于该子集中,但"谷仓是大的是真的"被排除在外,使人困惑的语句如"这句话是假的"同样如此。仅对该子集中的语句定义真。

其次,扩展对真的定义以包含新的语句,它们断定原初子集中语句的真或假。于是,"谷仓是大的是真的"被包含了进来,但不包括"这句话是假的"和"'谷仓是大的是真的'是真的"。然后,对断定第二个集合所包含句子真或假的所有语句定义真。设想这一过程无限次重复,那么对于"谷仓是大的"定义真,而后对于"谷仓是大的是真的"定义真,再对于"'谷仓是大的是真的'是真的"……注意对于语句"这句话是假的","真"从未得到定义,因为它不在最初的子集中,也不断定最初或所有后继集合中的任何语句的真值。在克里普克的术语中,这称为"无根"。即便定义真的过程无限进行,这些语句也决不能指派为真或假,克里普克的理论意味着某些语句既非真也非假。这与二值原则相抵触,该原则认为所有语句或者为真或者为假。由于这一原则是推出说谎者悖论的关键前提,因此该悖论被解决了。

杜米特留(Anton Dumitriu)认为目前提出的种种解决悖论的方法，在中世纪也大都提出过。但总体上，悖论目前没有得到完美的解决。苏珊·哈克曾提出悖论得到解决的两个要求：一是形式上的，二是哲学上的。在形式上需要给出一个一致的形式理论，说明什么样的前提和规则不可接受；在哲学上要说明为什么可以接受前述可以使用的规则和前提。然而最为关键的是，已有的悖论解决思路大都是如何避免、限制已知的悖论，而对于悖论的本质，包括未来可能的悖论会是怎样的，如何去避免与限制，尚无从回答。亦即，目前悖论问题还没有得到彻底的解决。

四、反思在悖论中的"真"

首先，我们需要重新思考悖论的定义。

有学者提出，把悖论理解为一种推论比理解为一种命题或论断要妥当些，更有助于我们进一步揭示悖论的本质和特征(沈跃春 1995)，并强调不能混淆作为推论的悖论与作为悖论性质命题的前提或结论。实际上，悖论性质的命题是根本的，由此出发并推导出自相矛盾的结论通常无懈可击，因此，关键在于悖论性命题的形式。

前述对悖论的定义分为两种形式：一种是从形式推导入手，其形式为

$$p \leftrightarrow \neg p;$$

另一种是从悖论的语义解释入手,其形式是

$$T\ulcorner\phi\urcorner \leftrightarrow \neg T\ulcorner\phi\urcorner,$$

其中,ϕ 是语句,$\ulcorner\ \urcorner$ 是引号,T 是谓词"是真的",$T\ulcorner\phi\urcorner$ 表示语句 ϕ 是真的,则悖论性语句 $T\ulcorner\phi\urcorner \leftrightarrow \neg T\ulcorner\phi\urcorner$ 的意思就是:从 ϕ 语句为真,可以得到 ϕ 语句不真,反之亦然。

就 $p \leftrightarrow \neg p$ 这一形式而言,之所以产生悖论,在于对 p 和 $\neg p$ 存在相应的语义解释,即 p 是真的,而 $\neg p$ 是假的。从 $p \leftrightarrow \neg p$ 到 $T\ulcorner\phi\urcorner \leftrightarrow \neg T\ulcorner\phi\urcorner$,形式上并无二致,因此,悖论的关键在于对"真"概念的分析与理解。

其次,我们再来分析"真"在悖论中的角色。

在对悖论的传统分析中,"真"被视为基本的、无需说明的谓词,或者说是"已经得到定义",其中有的是完全的定义,如罗素;有的是部分的定义,如克里普克。实际上,"真"在悖论中是一个核心的关键概念。

塔斯基在 1933 年那篇著名的《形式化语言中的真概念》一文中提出,"真"是一个语义概念,在日常语言中的含义不明,用法多元,无法精确定义。塔斯基希望在形式语言中研究"真"概念的基本特征。他提出了经典的 T 模式。真假是语句的真值,称一语句为真,当且仅当该语句成立;或者说,一个句子"ϕ"是真的,当且仅当 ϕ 表示为

$$T\ulcorner\phi\urcorner \leftrightarrow \phi。$$

上式又称为塔斯基-双条件式（T-biconditional，TB），它对于一个极小的真理论来说是直接而最自然的要求，其意思可以解读为：一旦说 ϕ 为真，则必须接受 ϕ；反之亦然。TB 包含一种去引号的质朴直觉：若你真心打算假设性地或非假设性地断言某个句子 ϕ，最好也要准备断言 ϕ 是真的。

然而，传统上所要求的那种实质上充分的真理论，结合带有自我指涉的说谎者语句（liar sentence），就会导致悖论，例如：

假定 ϕ 代表语句：ϕ 是假的。

得到相应的 T 模式：

"ϕ 是假的"是真的，当且仅当 ϕ 是假的。

结合前述假定 ϕ = "ϕ 是假的"，得到：

ϕ 是真的，当且仅当 ϕ 是假的。

结果陷入了不一致，悖论由此产生，即 $T\ulcorner\phi\urcorner \leftrightarrow \neg T\ulcorner\phi\urcorner$。如前所述，塔斯基希望通过语言分层来解决悖论，但其"真"概念仍然是完全的，只是"真"不能在它所属的那个语言即"对象语言"层面上得到定义，而必须在另一个层面的语言即"元语言"当中才能得到定义。

最后，是否导致悖论的是"真"？

面对经典的说谎者悖论这类语义悖论，不论其采取何种形式,悖论专家的解决办法是关注于真谓词,明确真谓词中的假设。而另一些学者则怀疑问题不在于真谓词,而在于原句式的奇异特征,如自我指涉、自我断言真假,等等。"真"谓词中的假设或其奇异用法看似导致悖论的源头。

在悖论问题上,牛津大学贺柏和(Volker Halbach)教授与传统的看法不同。他认为,导致悖论的并不是自指,而是"是真的","是必然的"这样一些谓词。一方面,通常认为导致悖论的自指在现实生活中,不少没有任何问题;另一方面,人们所怀疑的自指的内在不融贯性也可以通过哥德尔(Kurt Gödel)的表达方式得到解决(邵强进 2013)。

确实,"真"概念的不当表达或使用有产生悖论的危险。当前学界对于解决此类悖论的最新思路就是牛津大学贺柏和教授提倡的"真之公理论"。即不试图去定义"真"或"是真的",将它视为一种初始谓词,选取与真相关的若干公理,构建一个形式系统,力图表明真语句的全部外延。

真正存疑的是"是真的""是必然的"这些谓词。与说谎者悖论类似的悖论还涉及知道、必然性、过去与将来等内涵性概念,在一定意义上,它们可视为说谎者悖论的变种。而且,不论逻辑学中的"真"概念应该是怎样的,但"真"本身不能因产生悖论而受到指责,因为没有"真"也能产生悖论,例如,蒙塔古悖论(Montague Paradox)等,这说明必然性概念同样也受到不一致性的威胁。

尽管没有"真"也仍然会导致悖论。由于"真"本身的普遍性以及哲学上的高关注度,面对"真"的矛盾会像疾病传播那样四处感染并将危及整个逻辑事业的可能性,因此逻辑学者必须正视并给予回应。哲学需要"真",我们也不能通过禁用"自指"来阻断悖论,因此,我们的逻辑理论需要进一步发展。有些人想到改变现有的逻辑,称经典逻辑不正确;又例如,发展弗协调逻辑(paraconsistent logic)以包容矛盾性的句子;也有人在拒斥矛盾的同时,拒斥"句子或者是真的,或者不是真的"(Horsten 2011)。这些观点对于经典的二值逻辑发出了挑战,也迫切需要对传统的"真"理论做出更新。

第二章

经典"真"之符合论

吾爱吾师,吾更爱真理。

——亚里士多德(Aristotle)

所谓"真"理论,就是关于什么是真及其检验的理论。苏珊·哈克说:"定义给出'真'这个字的意义,标准则给出辨别一个语句是真还是假的检验方法。"(苏珊·哈克2003,109)前一个问题所涉及的是真的定义,而后一个问题所涉及的则是真的标准。历史上曾经有过多种"真"理论,大致可以分为三类:一是经典的符合论;二是从形式角度考察的融贯论、语义论;三是从语用角度考察的实用论、紧缩论;等等(格雷林1990)。但出于种种原因,如存在概念不清晰、适用范围有限制,等等,各种理论都各有优劣。

经典的真之符合论最为古老、最为直观。从目前的文献资料看,可追溯到亚里士多德在《形而上学》中的表述,否定是的东西或肯定不是的东西就是假的,而肯定是的东西和否定不是的东西就是真的⑥。而现代较有影响的符合论是以罗素与维特根斯坦的逻辑原子论为理论背景的符合论。它认为语言与世界具有某种同构,符合指的是理想语言中表达式的排列与世界中的事实在结构上对应,达成同构就是"真"。其中,基本命题的真依赖于它们与某种现象之间的关系;其他命题的真则依赖于它们与基本命题之间的句法关系。

第一节 亚里士多德的符合论

一、亚里士多德关于真的论述

亚里士多德是逻辑学的创始人,他建立了逻辑学这门科学,并在探讨过程中,提出了许多关于"真"的论述。

例如,在《解释篇》中他指出:"正像心灵中有一些思想不涉及真假,也有一些思想要么是真要么是假一样,在语言中也是如此。"他认为,语句表达思想,但是"并非每一个语句都是命题,只有本身包含真假的语句才是命题"。这说明它从真假方面规定了逻辑考虑的范围。这里所说的"真"显然是"是真的"这种意义上的"真"。而这种"真"是它所探讨的基本的东西。

在《形而上学》中,他说:"在矛盾的东西之间不可能有中

---

⑥ 这里《形而上学》1011b24—28采用的是王路先生的译文。

亚里士多德(Aristotle,前384—前322)

间情况,因为必然要么断定一方,要么否定一方。从真和假的定义可以看出这一点。因为否定是的东西或肯定不是的东西就是假的,而肯定是的东西和否定不是的东西就是真的;因而任何关于任何事物是或不是的判断都陈述了要么是真的东西要么是假的东西。"(《形而上学》,1011b24—28)

"在一个陈述中,'是'也意味着这个陈述是真的;而'不是'也意味着这个陈述不是真的,而是假的。在相似的语言中,肯定形式和否定形式也有这样的意思。比如苏格拉底(Socrates)是有教养的,意味着这是真的,或者,苏格拉底是不白净的,意味着这是真的;但是,并非对角线是可通约的,意味着这样说是假的。"(《形而上学》,1017a30—35)

"在关于真的的意义上的'是'和假的意义上的'不是',有两种情况:一种情况是,如果结合就有真,如果分离就有假;而另一种情况是,凡是者,则是它实际所是,或者它根本不是这里的真即是对这些是如此的东西的认识。这里没有错误,而只有无知,但是无知不同于目盲,因为目盲意味着完全没有思想的能力。"(《形而上学》,1051b33—1052a3)

"称哲学为与真相关的知识是正确的。"(《形而上学》,993a20)

"只要每个事物与是有关系,它也就与真有关系。"(《形而上学》,993a28)

二、亚里士多德对真的定义分析

经典的符合论由亚里士多德所倡导,历史最为悠久。亚里士多德在《形而上学》中有一段对真的定义分析:

> 在矛盾的东西之间不可能有中间情况,因为必然要么断定一方,要么否定一方。从真和假的定义可以看出这一点。因为否定是的东西或肯定不是的东西就是假的,而肯定是的东西和否定不是的东西就是真的;因而关于任何事物是或不是的判断都陈述了要么是真的东西要么是假的东西。[7]（苗力田1994,101）

亚里士多德在这里对于真假的定义,是撇开了具体判断在一般意义上对真假做出的定义。这种真假定义不涉及特殊具体的对象领域,即真假定义是在普遍抽象意义上来理解的。

关于"真"或者"假"的定义,与认识主体是做出"肯定"还是做出"否定"没有关系,而只与肯定什么、否定什么存在关系。换言之,认识之"真"在于认识与现实的符合,即语言层面

---

[7] 这段话中关于真假的定义部分有时也译成：是其所非,或非其所是,此为假;而是其所是,或非其所非,此为真。此段英文为：For to deny what is or to affirm what is not is false, whereas to affirm what is and to deny what is not are true.（Aristotle1999,83）

与对象层面的一致。

亚里士多德在这里所谈论的也正是在言说层面上的"真"。事实本身只是如其所是地被呈现而并无真假可言,当我们的言说与事实相符合或者说相应的时候,我们所说的也就是真的,而当我们的言说与事实不符合或者说不相应的时候,我们所说的便是假的。具体到命题的层面上来看,则当一个命题与事实相符的时候就是真的,而与事实不相符的时候便是假的。这就是在亚里士多德的意义上所说的真的符合论。

正如他在《范畴篇》中说到,某个人的存在这一事实带来了他存在这个命题的真实性,……因为如果一个人存在,那么我们借以断定他存在的那个命题便是真的;……这个人的存在这一事实的确看来以某种方式是那个命题所以真实的原因,因为那个命题的真假依赖于这个人是否存在的事实。这种说法可归结为,它表明了在总的方面符合论的基本立场,即真理在于命题与事物在世界中的存在方式之间的一种符合关系。

三、符合论的日常解读

亚里士多德定义"真"概念涉及认识主体断定行为,"真"的定义完全在于认识主体的断定内容是否与事实一致。"是的东西"不一定是真的,"不是的东西"也不一定是假的。真假的断定还取决于认识主体的断定态度是"肯定"抑或是"否定",这被称为关于"真"之符合论的经典定义。

亚氏这种符合论的定义符合于我们日常生活的某些直觉。在日常生活中,我们又是在何种意义上将"真"附加于我们所谈论的对象的呢?也就是说,在日常语言中,我们是在何种意义上使用"真"这个词的呢?

在我们的日常生活中,我们的意识总是以直向的方式把握眼前的事物,这种把握的方式必将把对象设定为与我们的日常经验相融贯的东西。这一点也正是"wahrnehmung"这个词所体现的真理,也就是说,感知必将是一种把被感知的对象设定为真的活动。而如果缺乏这种设定为真的活动,我们便无法区分想象与感知、梦幻与现实。就比如说,我们在一间教室里见到一张课桌,我们一定不会怀疑在此时此地的这张课桌是在这里的。这一点从我们对于这张课桌的自然而然的使用行为中就已经体现了出来。而如果我们怀疑这张课桌的真实存在的时候,我们显然不会再去把书本放在上面,更不会再去趴在上面打瞌睡了。对于这种日常生活中的事物的真实存在性,我们的感知行为必将在不加怀疑的情况下接受下来。也就是说,当我们眼前有一张课桌的时候,这张课桌的真实存在正是为我们所默认的。推而言之,在我们的日常生活中对外部世界的真实存在的无条件接受也正是我们在正常的情况下所共有的一个默认点(default position)。而与之相应地,在我们的日常语言里,我们说:"这是一张课桌。"而不会说:"这是一张真课桌。"后者显然是一句非常别扭的句子,我们显然不会这么说。

再比如说,当我们手头有一张钞票的时候,我们会说:"这是一张钞票。"而肯定不会说:"这是一张真钞票。"在日常语言中的"真"是为我们所默认的,它作为眼前的事物所具有的一种性质是为我们所默认的,而与之相应的"真"这个词也相应地潜藏在语言的背后为我们所共同默认的。就比如说,当我向某人买东西而拿出一张钞票给他的时候,我对他说:"喏,这是一张钞票。"那人显然不会把我的意思理解成为"这是一张假钞。"所以说,在日常语言中的"真"是潜藏在我们所说出的语句的背后但并不表现出来。

只有当我们出于各种理由要去强调这种"真"的时候,我们才会把它从我们的语言背后抽取出来。就比如说,某人质问我:"这是一张真的钞票吗?"这时候我会急切地说:"这是一张真的钞票!"前者是出于质疑的需要而把"真"强调了出来,而我则是出于让对方确信的目的而把"真"强调了出来。

如果再进一步分析的话,在上文所举的例子中,"真"这个词其实已经在两个不同的层面上使用过了。以下面这句话为例:

"这是一张钞票。"这是真的。

在这句话里,我们就已经使用了两次"真",一次是显性地使用,而另一次则是默认地或者说潜在地使用。在这里,当我们提及"这张钞票"的时候,我们就已经预设了这张钞票的"真",正如我们上文所提到的那样,在没有强调的情况下,在我们的日常语言中,我们就已经把"真"设定给了我们眼前所谈论的事物。在这里,我们同样也把"真"作为一种默认附加在了"钞票"这一特定的事物之上。这里,我们是在事物的层面上潜在地使用了"真"这个词。

而至于"'这是一张钞票'这是真的"这句话里,我们也在显性的意义上把"真"附加给了我们所说的"这是一张钞票"这句话。这里,我们是在言说的层面上显性地使用了"真"这个词。在前一种意义上,我们所涉及的是事物之"真",而在后一种意义上,我们所涉及的是言说之"真",这是两个不同的层面,我们必须加以严格的区分。

所以说,在日常语言里,我们可以在两个不同的层面上使用"真"这个词:一种是在事物的层面上潜在地使用"真",一种是在言说的层面上显性地使用"真";前一种使用所涉及的是事物之"真",而后一种使用所涉及的是言说之"真"。

更进一步,我们之所以能在言说的层面上使一个语句有真有假,是因为言说的真假所反映的正是我们的认识的真假。而如果我们的言说不能反映我们的认识的真假的话,那么在此情况下所说的语句也必然是没有真假可言的。

再以下面这句话为例:

美德是三角形。

在我们的认识中,将"美德"与"三角形"联系在一起是一种范畴的误用,这种认识显然不成其为认识,所以也就没有真假可言。而当这种认识反映在语句当中的时候,"美德是三角形"这句话显然也是没有真假可言的。所以,笔者认为,在言说的层面上的真假所反映的正是在认识的层面上的真假,也就是说,认识之"真"必是言说之"真"的前提,这也是两个不同的层面。

综上所述,我们便可以区分出"真"的三个层面,亦即事物的层面、言说的层面和认识的层面,与这三个层面相应的便分别有事物之"真"、言说之"真"和认识之"真"。事物之"真"和认识之"真"都隐藏在言说的背后,前者是我们在言说中所默认的"真",而后者则是我们的言说所反映的"真"。而只有言说之"真"才能显性地摆在我们面前的,所以,我们只有通过研究言说之"真"才能进而对于事物之"真"和认识之"真"有所了解。符合论的基本想法就是要使言说之"真"借助于认识之"真"来符合事物之"真"。

第二节　符合论的现代解释

一、符合论的相关讨论

在亚里士多德之后,哲学家们对于真理的符合亦有不少讨论。

例如洛克(John Locke)说过,在我看来,就真理这个词的恰当含义而论,真理不过是按照记号所表示的事物契合与否、标示出这些记号的分合而已。

康德认为真理是认识与其对象一致。对此,列宁(Vladimir Ilyich Ulyanov Lenin)指出,康德自己问什么是真理,自己又给了陈旧的答复(列宁1974,184)。康德所谓"认识与其对象一致"实际是主观认识自己与自己的一致。就是说,被康德称为真理的那种认识,其真理性不在于与"自在之物"的一致,而是主观认识能力在整理感性材料时运用固有的思维形式之恰当。

列宁同时还分析了黑格尔对康德的批评。黑格尔指出,其根本错误在于:"把事物的一切规定性,不论形式或内容,都转移到意识中去。"黑格尔认为:"人们最初所认为的真理就是:我知道某物是如何存在着的。然而这只是对意识而言的真理,或是形式的真理,——只是正确性而已。而按照更深的意义来说,真理就在于客观性和概念的同一。"

这与海德格尔(Martin Heidegger)关于真的讨论有相似之处。海德格尔认为,一个命题是真的就意味着:"它在是者自身发现是是者。它表达出,它表现出,它'使人们看到'处于其发现状态的是者。所谓命题是真的(真)必须被理解未是在被发现之中。"(海德格尔1987,第218节)他进一步说:"作为通过展示状态而构造的东西,此是在本质上乃是处于真之中。展示状态乃是此是的一种本质的是之方式。"

"只要并且只有此是是,才'有'真。只要是者确实是,是者就被发现,并且只有此是确实是,是者才被展示。牛顿定律、矛盾律,其实每一种真只有在此是是的情况下才是真的。在此是之前,根本没有东西是,也就没有真,而在此是之后,不会再有东西是,也就不会再有真。因为在这样的情况下,真不能作为展示状态、发现状态和被发现状态而是。在发现牛顿定律之前,牛顿定律不是'真的';由此得不出它们是假的,而且也根本得不出,如果被发现状态在本体方面不再是可能的,它们就会成为假的。在这种'限制'下,同样不会贬低'真'的是真的方式。"(海德格尔1987,第226—227节)

二、逻辑原子论的符合论

符合论在现代的展开也正是在分析哲学的背景下承续了亚里士多德的这一观点,而具体地表现为罗素与维特根斯坦的逻辑原子论和奥斯汀(John Langshaw Austin)的日常语言哲学这两种型态。

以逻辑原子论为理论背景的符合论认为语言与世界具有某种同构,符合指的是理想语言中表达式的排列与世界中的事实在结构上对应,达成同构就是"真"。在这种型态中,真的符合论又进一步落实到真的检验这一问题。判断真的标准则是看它能否还原到最基本的原子事实。

维特根斯坦在《逻辑哲学论》中认为,命题是由基本命题本身所构成的、作为真值函项的复合命题,而这些基本命题又是通过对名称进行排列所构成的。这种结构反映出世界的排列方式:事实是由事态构造出来的,而事态本身又由处于某种排列中的对象构成。名称直接指称对象;因为基本命题是由按照对象在事态中的排列方式排列起来的名称所构成,所以基本命题是那些事态的"图像"。由基本命题所构成的命题符合由事态构造出来的事实。

逻辑原子论的另一位旗手罗素认为,逻辑上的原子或简单之物是感觉材料,例如,所看到的带色斑点。这些感觉材料是直接亲知的对象,命题根据其构成成分与我们在感觉中直接亲知到的原子简单之物的关系而获得其有意义性。描述性知识是由亲知事件推断来的,或者能够被合理地追溯到亲知事件,而一个简单命题(例如,"这是绿色的"或"现在这是绿色的")直接与出现在亲知事件中的那个事态相连。

在逻辑原子论看来,命题是在语言中的复合体,分子命题(如 $p \lor q$)是由原子命题(如 p)所组成的真值函项。而语言所指向的世界则是由处于各种各样的复合体之中的单体(simple)或逻辑原子的排列组成的,这种单体或逻辑原子的排列就是事实。在完全清晰的语言(理想语言)中,真的原子命题中的单词的排列所反映的就是世界中单体的排列;而符

罗素(Bertrand Russell, 1872—1970)

合就在于这种结构的同构。

也就是说,原子命题的真就在于其中单词的排列与世界中单体的排列的同构或者说符合。在确定了原子命题的真值条件后,我们就可以进而给出分子命题的真值条件,就比如说:"! p"是真的当且仅当"p"不是真的,"$p \vee q$"是真的当且仅当 p 是真的或者 q 是真的。如此推演,我们便可以给出一切命题的真值条件。这也就是逻辑原子论所说的真的符合论(苏珊·哈克 2003,113—114)。这种符合论以某种理想语言为目标。

正是基于这种真的定义,即真就在于命题与事实的同构这一定义,逻辑原子论便认为一切命题都可以还原到原子命题的层面,从而在他们所谓的事实面前得到直接的检验。由此便引申出了逻辑原子论的"拒斥形而上学"这一著名的主张。在他们看来,一切形而上学的命题都无法在事实面前得到直接的检验,因而便都是无意义的。

在这里,逻辑原子论把真的定义直接反过来就当作了真的标准,并将它用于检验一切命题的真假。这显然是不切实际的。正如我们可以对一种疾病在病理上做出严格的定义,但我们在通常情况下显然不会将这种定义直接用于诊断一个人是不是得了这种病,这是一样的道理。所以,在我们看来,逻辑原子论正是混淆了真的定义与真的标准,而他们在此基础上所确立的还原主义的方法论也就相应地成了问题。

三、约定论的符合论

罗素等人的还原论混同了真的定义和真的标准;对其批判也导致另一种以奥斯汀的日常语言哲学为理论背景的符合论。

站在日常语言哲学的立场上,奥斯汀抛弃了原子论的形而上学和理想语言的预设,在一定程度上避免了真的定义与真的标准的混淆。在他的符合论中,符合是根据语词与世界间的纯粹的约定关系来阐明的。

具体来说,在对于符合的解释中涉及两种纯粹的约定关系:(i)"描述约定"把语词与情况的类型相互联系起来;(ii)"指示约定"把语词与特定的情况相互联系起来(苏珊·哈克 2003,115)。

假定某人说"我正在吃东西",那么,描述性约定认识这个话语与人们吃东西的境况相互关联,而指示性约定是指该话语与说者在此时的实际活动项目关联。倘若通过指示性约定说出的话语相互关联的那种实际情况便是通过描述性约定与那些话语相互关联的那种类型的境况,那么,在此说出的话便会为真。奥斯汀旨在严肃地使用"约定"这一概念;任意话语都能与任意境况相互关联,只要这种相互关联对于成功地进行交流是充分相容的。这就表明,这些相互关联没有隐蔽地或以任何类似的方式计划某种像同构关系那样的东西。

在一个陈述中,如某人在特定的情境下说"我正在写字呢",描述约定便将这一陈述中的语词与"写字"的情况类型相互联系起来,而指示约定则将这些语词与这个人在这一特定的情境下所遭际的特定的情况联系起来。当这一陈述中的语词在指示约定中所涉及的特定的情况具有这些语词在描述约定中所涉及的情况类型的时候,这一陈述就是真的。也就是说,"我正在写字呢"这一陈述所包含的语词一方面与"写字"的情况共相相联系,而另一方面又与这一陈述的主语"我"所遭际的情况殊相相联系。当这一情况的殊相具有"写字"的情况共相的时候,这个陈述就是真的。

在这里,符合并不是语词与世界之间的符合,而是语词在两个方面所指涉的情况共相与情况殊相之间的符合。语词本身所起的仅仅是媒介的作用。而语词之所以能起到这种媒介的作用,这正是因为它们所具有的约定的特征。这种约定的特征一方面将陈述与某种情况的共相联系起来,另一方面又将它与某种情况的殊相联系起来,而真就在于与这一陈述相联系的情况共相与情况殊相之间的符合。这就是奥斯汀所提出的真的符合论。

这种符合论显然限制了我们对于陈述或者说命题的还原,因为每一个陈述或者说命题都是不可还原的。当它被还原的时候,与之相联系的情况共相和情况殊相也将随着这个陈述或者说命题所使用的语词的变更,而相应地发生变化。

所以,在这种符合论看来,当我们还原一个陈述或者说命题的时候,我们也就对于这个陈述或者命题在本质上做出了变更,而所得的便不再是和原先相等的陈述或者命题了。

正是在这个意义上,奥斯汀所提出的符合论通过将自身限制在真的定义的范围之内而回避了检验的问题,从而也就避免了逻辑原子论对于真的定义与标准的混淆。但这种避免无疑是在回避了真的检验问题的前提下实现的。所以说,奥斯汀所提出的真的符合论仅仅是一种对于真的定义,亦即真就在于与某一特定的陈述相联系的情况共相与情况殊相之间的符合这一定义。

当然,就真的符合论为一种特殊型态的"真"理论而言,它还必须就真的标准提出自己的主张。但是在我们看来,逻辑原子论的还原主义既然是不切实际的,而奥斯汀的符合论又缺乏检验真假的效力,那么一种合适的主张显然还有待于进一步的探索。

第三节 当代符合论的困境

传统符合论一般被理解为基于对象,其刻画是这样的:一个命题是真的,当且仅当它所关于的对象确实如它所描述的那样。而经由罗素等人的工作,真理符合论一般被表述为:一个命题是真的,当且仅当它符合某个事实。事实取代了对象在符合论的地位。

符合论存在难以回避的困境(胡泽洪 2007)。虽然符合论最符合人们关于真的常识与直觉,也最吻合于与人们关于真的传统理解和把握,但符合论假定任何一个命题或语句要么可以直接对应于独存的事实,要么可以通过"归约"或"还原"而与独存的事实相对应。何谓"事实"?命题与事实之间的"符合"是什么意思?这个依然需要解释。这种质疑可能使我们陷入无穷倒退的困境。

一、弗雷格关于"符合"的质疑

罗素与维特根斯坦的看法的中心内容是:符合是命题与事实之间的一种结构上的同构(isomorphism)关系。但定义同构又需要用到符合或与之类似的词语:一种适用于两个或多个事项并把它们关联在一起的保持知识的相似性或结构符合性。若以符合来解释同构,则是一种循环论证;若以相似来解释,则又可能无穷倒退。

从操作的角度来看,符合是一种比较,而这种比较也在根本上存在问题。正如布伦塔诺(Franz Clemens Brentano)所说:"一些人坚持认为,我可以通过将我的思想与对象进行比较来掌握真理。他们没有认识到,为了做出这样的比较,我必须已经知道该对象真正像什么。而知道这一点也就已经掌握了真理。"(Künne 2003,127)

因此,对于符合本身,有待进一步分析。假设我们有如下

命题:

(那只)猫在垫子上。

命题中有三个要素,而在外部世界里的事实却只有两个要素,即猫和垫子。实际上,要说出一个命题具有多少个构成成分是一件很困难的事,提出这种要求是荒谬的,因为,在某种不同于英语的语言里,可能由一个可用单独一个词表达的、却说出与"猫在垫子上"这句话具有相同含义的命题。

金岳霖先生在《知识论》中指出,符合不一定是照相式的符合,其他的符合关系也是说得通的。比如,榫头对榫、衣服合身等,都是符合。符合不必是照相式的,不必是图形式的,但符合应该有一一相应的情形(金岳霖1994a,809)。一一相应是符合的主要要求,当然,这里讲的一一相应可以只是关系上的,不必是性质上的。但其中的"符合"仍然是一个直觉上的概念,有待进一步明确。

弗雷格在《思想》一文中提出一种循环论证:"我们必须做什么以判定某物是否是真的。我们必须研究,一个观念与一个现实的东西在规定的方面(比如说)相符合,这是否是真的。这样,我们就碰到相同类型的问题。游戏重新开始。……"(Frege, G. 1918, 291)

符合论将"真"定义为命题与事实之间的符合关系,似乎两者之间存在着某种结构上类似的东西。但是弗雷格的质疑就是符合论意义上的"符合"究竟是什么意思。如果符合就是一种一致,那么,这种"一致"如何合理揭示"真"的本质?符合论试图通过命题与事实之间的对应关系来说明"真"概念不可避免会遭遇如下问题:"真"概念的本质是在"符合"关系确认时呈现的?还是在"符合关系"确认之后?如果这种"符合"关系涉及特殊事物的领域是属于经验层面的,它的存在合理性本身就存在着不确定性,又有什么理由通过经验领域的事实与陈述之间的一致关系来确立"真"概念呢?

达米特(Michael Dummett)指出:

> 符合论缺陷在于,它同时表明了对"真"概念进行现实性考虑的企图。(Dummett M. 1981a,464)

弗雷格对真之符合论的批评意在说明,"真"并非直接与现实的东西相关联,"真"是逻辑的直接对象(任书建 2012)。

弗雷格在一种完全独特的对象意义上考虑"真"概念。在他看来,只有完全意义上的真,没有一半程度的真,也不存在或多或少意义上的真。任何对"真"概念的理解都只是"真"这样一种纯粹可靠性的确证。体现在科学中正如他在《概念文字》序中所说:

> 由此,一方面可以询问逐渐获得一个句子的途径,另一方面可以询问这个句子最终牢固确立起来的方式。第

一个问题对于不同的人也许一定会得到不同的回答,第二个问题比较确定,对它的回答与所考虑的句子的本质有关。(郝兆宽2008)

第一个问题涉及个体的具体认识过程,第二个问题之所以比较确定,就在于认识主体逐渐获得的"真"概念,已经脱离了具体的个人活动,它的确立可以通过对句子的相关概念的逻辑建构实现。这样一种牢固存在的方式就更多地带有一种超越的性质。了解这一点很重要,这段话至少说明,弗雷格并不拒绝认知主体通过各种涉及心理等心灵活动的参与来理解句子的含义从而把握"真"概念。这里弗雷格肯定了思维能力在把握思想过程中的重要意义,尽管如此,心灵活动不能直接代替思想本身。而"真"概念需要从思想的断定后把握。

人们可以自由地把各种各样的例如情绪、感觉、表象归为 A(指句子——作者注)的内容,但所有这些都不能判定为真或为假;他们根本就不关乎逻辑。

这样的区分与判断的内容(即思想)无关,而与做出判断的根据有关。在没有根据的地方,那些划分的可能性也就消失了。(郝兆宽2008)

前面的两段话都是在说明,思想与获得思想活动不同。

思想具有它自身独立的特性,无论我们从怎样的角度以怎样的方式去把握它。对于思想与真的关系,弗雷格做了以下的规定:

(1) 一种思想的把握——思维(thinking);

(2) 对这种思想的真的确认——判断行为(the act of judgement);

(3) 这种判断行为的表现——断定(assertion)(Frege, G. 1977, 7)。

在这三种规定中,断定是一种断定力的表现,弗雷格在紧接着的脚注上也说明:

> 我们没有特定的多少带有特定断定意味的句子与断定(assertion)一致,那就是有些断定的东西是隐含的,并不在于断定句的形式。(Frege, G. 1977, 7)

弗雷格这里对真的断定,是一种"实质重于形式"意义上的断定,这也主要着眼于科学的考虑。因为戏剧演出、舞台剧对白都不乏断定形式的句子,但是都不能算作对句子"真"的确认。

弗雷格这样的三种规定有其用意,即使是句子的思想,也不能够最终把握"真","真"概念只有在断定力的句子中才能获得。这就对句子进而对思想进行了某种限制,那就是:怎样的思想才是可以断定的？思想如果能被断定,那么它作为句子的含义应该是完整的,不完整的思想因为缺乏普遍性是不能被断定的。

……说话的时间就是思想表达的一部分。如果有人今天要说的与他昨天用"今天"一词所表达的东西相同的话,他就要以"昨天"代替这个词。尽管思想是一样的,但是这里的语词表达必须是不一样的,这样才能避免通常由于说话时间的不同而造成的涵义的改变。"这里""那里"这些词的情况与此相似。在所有这些情况中,正像文字可以记录的那样,这种纯语词不是完整的思想表达,相反,为了正确地理解它们,还需要认识说话者的某些情况,这些情况在这里作为表达思想的手段。示意、手势、眼神也可以属于这些手段。含有"我"这个词的言语在不同人的口中表达不同的思想,其中有些可以是真的,有些可以是假的。(弗雷格 2006,137)

这段话对于理解弗雷格真与思想的关系很重要。因为这里弗雷格界定只有完整的思想才有可能表达一种断定,除去那些超越时间限制的定律,比如数学定律,无论何时何地,都不会影响个体对它意义的完整理解。对于很多句子来说,它的内容常常只有在添加了某些表达思想的手段之后,才能显示出完整的思想。而一个完整思想的标志就是能够对思想做出真假断定。因为完整思想与真都是没有承载者的,具有承载者的表象属于个体的意识内容,没有理由相信个体的意识内容存在多大程度的一致,主体间性问题并不在弗雷格考虑的领域之内。他所关注的是逻辑最高程度的确定性,"真"就是这种确定性的体现。

所以,完整的思想只有在没有承载者规定下才可以成为不同个体共同把握的东西。弗雷格对于"今天""昨天""这里""那里"等的考察,都旨在使思想的表达完整准确,并由此能够做出真的判断。

不仅从句子所表达思想的完整性上,还有对于句式的选择上,也反映出弗雷格"只有完整思想才能断定真"的主张。弗雷格对句子做进一步的限定:

> 为了能使我愿称之为思想的东西更明确起来,我区别句子的种类。人们不愿意承认一个命令句有一种涵义。但是这种涵义不是那种可以考虑其真的涵义。因此,我不称命令句的涵义为思想。愿望句和请求句同样排除在外。(Frege, G. 1977, 134)

弗雷格最后对疑问句和断定句做了比较,指出两者都包含有思想,所不同者就在于,疑问句含有一种请求,而断定句则含有一种断定。按照弗雷格的理解,断定句的意谓直接指向真值。对于这一点,弗雷格做了相当细致的分析,今天阐述这种分析有助于澄清人们对他的某些误解。弗雷格指出,真正对思想做出真的肯定的不仅仅是断定句的形式,而且更重要的是断定力。比如,体现在各种文学创作、舞台表演中的断定,有着清楚的断定句形式,却不能得到客观实在意义上的"真"。能够用来表现真的句子,必须具有断定力,"我受伤了"在弗雷格的理解中不是一个完整的断定句形式,这样的句子连思想的完整性都无法保证,又怎么可能体现"真"概念呢?"真"与思想在这种意义上存在着某种内在联系,"真"其实正在为思想提供一种标准,以此来衡量思想的完整性,从而避免思想被任意解读。

前面在弗雷格的指称理论中我们已经知道,实在性是思想的重要特征,通过思想达到真,有一种层次上的差别。思想作为句子的涵义,真值作为句子的意谓。思想与"真"的关系就是我们能够在思想的断定中获得真,"真"的获得凭借对思想所做的断定,但是"真"概念本身却与断定思想有所区别。

在进行思考时,我们不是制造思想,而是把握思想。因为我称之为思想的东西与真有着密切联系。对于我承认是真的东西,我做出判断说,它完全不依赖于我对其真的承认,也不依赖于我是否对它进行思考而是真的。一

个思想是真的,与这个思想是否被考虑无关。(弗雷格 2006,151)

相比较任何表象都需要承载者,思想并不需要承载者,也正因如此,它才成为不同个体能够把握的对象。相应地,在认识到这样一种不需要承载者的思想的同时,思想的真也被发现。弗雷格指出,科学的目标和任务不是要制造出一个真的思想,而是要发现一种真的思想。天文学家在研究很久远以前的事件时应用数学的真,而这些事情发生时,至少地球上还没有人认识到这种真。天文学家所以能够这样应用数学之真,就是因为"真"概念是无时间性的,是带有实在论倾向的。

> 当弗雷格恰当地拒绝符合论时,毫无疑问,他的"真"概念是一种实在论观点,并且这里有必要弄清楚这种实在论的根据。(Dummett, M. 1981a, 464)

符合论的特征在于陈述与事实的一致,这种一致本身需要进一步断定。也就是说"真"概念不是存在于认识主体的断定活动之中,而是在这种断定活动之外,"真"概念实在论预设的根据在于它与认识主体的断定活动无关,同时又是认识主体断定活动的目标。断定活动是一种关于确定性的活动,"真"概念具有最高的确定性。之所以称"真"是逻辑追求的目标,就是因为"真"概念的这种实在论预设能够给予逻辑这样一种确定性,这在德国哲学传统中尤为明显。

二、关于"事实"的质疑

在当代真理符合论的语境下,事实概念起着至关重要的作用。就此而言,事实的合法性对于符合论的辩护尤其紧要;而众多的反符合论者,如斯特劳森(Peter Frederick Strawson)、戴维森(Donald Davidson),往往通过对事实之合法性的否定来拒斥符合论。

关于事实,罗素的困难在于如何解释与区分原子事实(atomic fact)、否定事实(negative fact)和一般事实(general fact),等等。

究其历史,在罗素长期的学术生涯中,其关于符合论的看法有一个逐渐形成的过程。他的观点从判断的二元关系发展到多元关系,从真理的同一论发展到符合论(邵强进 2014)。

在20世纪的最初几年,罗素持有一种判断的二元关系说,即:判断是两个实体(心灵与命题)之间的二元关系。与弗雷格相反,罗素认为命题并不是由语词构成,而是由语词所指称的实体构成(Russell, B. 1903, sec. 51),例如,命题⟨A 爱 B⟩即是由 A、爱和 B 组成。因为命题是实体,因此⟨A 爱 B⟩就不同于 A、爱和 B 的简单罗列,所以这里就有一个问题:命题如何能成为一个统一体?对此问题,罗素认为命题统一体的源泉在于命题的动词:"一个命题中真正的逻辑动词可以始终被看做断定了某个关系。"(Russell,B. 1903,sec. 53)因此,〈A爱B〉作为统一体之所以可能,是因为"爱"所断定的关系实际地关联着A和B。这样的关系即是"关联着的关系"(relation in relating)。同时,罗素又断定:"为了避免自相矛盾,每一个命题的每一个组成部分必须能够成为逻辑主词。"这就意味着,作为命题组成部分的动词所断定的关系是实体。这样的关系即是"关系自身"(relation per se)。于是,罗素实质上断定了在一个命题中,关系具有双重本质。

基于这种判断的二元关系理论,罗素提出了他的真理同一论思想:"我想要力陈的是,我们应该从一个完全不同的点开始:真理不是存在于我们的观念(ideas)与事实的符合中,而是存在于事实本身中。这一点常常被关于事实是什么的错误想法弄得晦涩难解。人们设想,如果A存在(exists),那么A是一个事实;但真正的事实是:'A的存在(A's existence)'或者'A存在(that A exists)'。这类东西,我称之为命题,并且如果它们恰巧是真的,那么这类东西就被称为事实。"(Russell,B. 1905,p. 492)如果以事实作为讨论主题,那么罗素的上述想法就可以表述为:事实就是真的命题。

正如大量文献所表明的,罗素的这一真理论其困难在于解释假命题。按照判断的二元关系论,在假判断(judge falsely)时,要么在心灵面前什么也没有,要么心灵也与某一单一对象处于判断关系中,这一单一对象即是假命题,罗素也称之为客观假(objective falsehood)。第一个选择意味着不可能存在假判断,这是难以置信的,所以罗素这时候认为存在假命题。但是因为假命题也是统一体,因此它就面临着非常严重的困难。不妨对比一下真命题统一体与假命题统一体来看这一困难。我们说"上海在北京的南边"是一个统一体,是因为"在……南边"这一关系实际地(actually)关联着上海和北京。假命题的情形完全不同,"假命题必须是统一体。这看起来蕴含着,一个假命题的关系部分必须实际地关联它的对象。但是,在假命题中关系不能关联它的对象,因为如果它关联了它们,这个命题就是真的了。如果斯诺登峰与珠穆朗玛峰拥有关系'比……高',那么命题〈斯诺登峰比珠穆朗玛峰高〉就不会是假的"(Russell, B. 1903, sec. 52)。

这一难题的存在无疑迫使罗素放弃判断之二元关系说。到1910年左右,罗素开始持有判断的多元关系论,即:判断并不是判断者与某个单一对象的二元关系,而是判断者与多个客体的多元关系。相应地,罗素也放弃了真理同一论而转向真理符合论。

考虑这样一个判断:"奥赛罗相信苔丝狄蒙娜爱卡西奥。"(Russell, B. 1903, sec. 52)根据判断之多元关系论,该判断是由"奥赛罗""苔丝狄蒙娜""爱"和"卡西奥"借由相信关系组成。其中,奥赛罗是该判断的主体,另外三项则是该判断的客体(object)。当然,这个判断包含着罗素称之为的方向(direction)或者涵义(sense):奥赛罗→苔丝狄蒙娜→爱→卡西奥。这个方向或者含义解释了上述判断为什么不同于如下判断:奥赛罗相信卡西奥爱苔丝狄蒙娜。

现在问:这个判断在什么情况下为真,在什么情况下为假?对此,罗素认为命题之真假取决于是否存在一个由其客体组成的复杂统一体(即事实)。即是说,如果存在这样一个复杂统一体,它由如下客体构成:苔丝狄蒙娜、爱和卡西奥(按照这一顺序),那么判断"奥赛罗相信卡西奥爱苔丝狄蒙娜"就是真的;否则即是假的(Russell,B. 1912,128)。

如果认识到罗素发展判断之多元关系说的动机,那么如下一点将不言自明:在判断的多元关系中,判断客体不能再构成一个统一体,这一点对罗素至关重要。因为否则的话,判断的二元关系说所面临的全部困难又重新回来了。于是,由此得到的真理观不再是同一论,因为作为真值承担者的判断很明显不可能同一于事实,而现在又不存在所谓的命题统一体。当真值承担者与使真者(这里指事实)不同时,罗素的上述表述就可以解读为:真理存在于判断与事实的符合关系中。这是对符合论的一般性刻画。

但罗素的动机是一回事,他的理论的后果是另一回事。实际上,对判断的二元关系说所面临的困难,判断的多元关系说似乎并没有避开或解决(Candlish 1996)。这也迫使罗素对于事实概念做进一步考察,并做出分类。

罗素曾持有的两种真理观。真理同一论认为,一个判断是真的,当且仅当存在一个复杂统一体,它与该判断的对象(即命题)同一。由于命题是由其所关于的对象作为组成部分,事实的本性也就清楚:以"北京在上海的北边"这一事实为例,该事实由北京、上海这两个城市,以及"在……北边"这一关系组成。到了符合论时期,罗素认为,一个判断是真的,当且仅当存在一个复杂统一体,该复杂统一体由该判断的客体(按照某种顺序)构成。例如"北京在上海的北边"这一判断之为真,就在于存在这样一个事实,它由北京、上海这两个城市,以及"在……北边"这一关系(并按此顺序)组成。可以看到,对于真值承担者的恰当选择,罗素在这两个时期有不同的理解,但事实概念却没怎么变化。

当罗素放弃同一论而持有符合论后,他就坚持命题之为真的基础不在于自身而在于外在实在:"如果我相信查理一世死在断头台上,我的信念之真并不是因为我的信念的内在性质,否则仅需考察信念本身就可以发现真理,而是由于恰巧发生在两个半世纪之前的历史事件。"(Russell,B. 1912,121)由于罗素此时将事件归于事实,因此上述引文表明他此时将事实看做是真理的源泉(基础)。这个思想,罗素后来将其表述为事实是命题的使真者:"我希望引起你们注意的第一个自明之理(……)是,世界包含着事实。……当我谈到事实

(……)时,我是指使命题为真或者为假的东西。"(Russell, B. 2010,6)

如果联系罗素之前人们刻画符合论的漫长历史,即一个命题是真的,当且仅当它所关于的对象确实如它所描述的那样,那么人们会质疑,如果诉诸对象就足以确定某个命题的真,为什么还要求事实作为使真者?关于这一点,目前有一个被称之为"使真者论证"的著名论证(Armstrong 1997,115)。该论证可以被简要表述如下:

> 所有的真理都有其使真者。考虑命题〈雪是白的〉。
> 对象[8]"雪"并不是命题〈雪是白的〉的使真者。
> 对象"雪"和属性"白色"两者的总和也不是命题〈雪是白的〉的使真者,因为即使两者都存在,雪可能并不例示白色属性。
> 因此,就使命题〈雪是白的〉为真而言,一定存在一个超出雪和白色之总和的实体,该实体的存在使得命题〈雪是白的〉为真。这个实体,即是"事实"。

这一论证常常被看做是事实作为实体之必要性的论证。

---

[8] 这里,我们在一种更接近常识的意义上使用"对象"一词,它并非弗雷格意义上的对象。

罗素并没有明确地提出这一论证,但他无疑已经提供了这一论证的一些核心观念。来看一下他的这段话:

> 当我谈到事实(……)时,我是指使命题为真或者为假的东西。……我想要你们认识到,当我谈论事实时,我不是指具体存在的事物,如苏格拉底,雨或者太阳。苏格拉底本人并不能使任何陈述真或者假。……当我们说某物具有某属性,或者某物具有与他物的某关系时,我们就表达了一个事实。但是具有属性或关系的该物并不是我称之为事实的东西。(Russell, B. 1918, 6—7)

可以看到,这段引文已经足以提示出上述论证的 A 和 B 两步,而 C 不过是 B 这一步骤的继续,其观念上的价值远不如 A 和 B。

当然,使真者论证只是表明事实实体是必要的,并且告诉我们事实不是什么(事实不是对象,不是对象和属性、关系的类聚),但它没有表明事实是什么。对此,罗素提供了他自己的版本,即,事实是复杂的结构性实体,由对象和属性(关系)构成。如"苔丝狄蒙娜爱卡西奥"这一事实即是由苔丝狄蒙娜、卡西奥这两个对象和爱这一关系构成。这个版本的事实即使在今天依然被看做是事实概念的主流理解,其最主要的支持者与发展者即是当今使真者理论的旗手,大卫·阿姆斯特朗(David Malet Armstrong)⑨。

有了这样一种对事实的界定,即事实是使真者,罗素开始考虑使各种命题为真的各种事实。他否认存在合取事实、析取事实与条件事实,因为合取命题、析取命题与条件命题的真理可以在没有相应事实的情况下,通过真值表的运算获得。例如,$(A \land B)$是真的,当且仅当(A是真的 $\land B$是真的),当且仅当(事实A和事实B)。这就意味着,从使真者的观念来看,并不需要一个使(例如)合取命题为真的合取事实。

但罗素确实认为存在否定事实和普遍事实。为什么需要普遍事实?考虑〈所有的人都是要死的〉这一命题的真值情况。假设我们考察了古往今来以及(假设可能)将来的每一个人,并且确认了,他们都是要死的。那么,我们是否足以确认命题〈所有的人都是要死的〉为真?罗素认为,除非我们加上一点,即这些人是所有的人,否则不能。但是,所加上的这一点是一个普遍事实。这就是说,普遍事实不能化归为具体事实(或具体事实的集合),据此,罗素认为要完整地表述世界,普遍事实不可或缺(Russell,B. 1918,8)。

罗素关于否定事实和普遍事实的论证已经遭到非常多的批驳,但是否存在否定事实和普遍事实对于事实是否是合法的实体无关紧要,关键是罗素的事实概念能否成立。在我们

---

⑨ 关于阿姆斯特朗的使真者理论的分析,详见黄维(2012)。

看来,虽然罗素的事实观非常符合我们对于事实的常识性用法,但它面临着一个非常严重的困难。

如果事实是由其所关于的对象组成,那么前者的存在就受到后者的约束,因为对象是时间依赖性的,这使得事实也是时间依赖性的。这就导致了一个问题。考虑"苏格拉底是哲学家"这一事实。如果它的存在依赖于苏格拉底的存在,那么仅当苏格拉底活着并且是哲学家时,它才是一个事实,一旦苏格拉底去世,它就不再是一个事实了。所以,在今天,苏格拉底是哲学家就不是一个事实。这当然很违背直观。一个更违背直观的例子是这样的:"罗素活得比苏格拉底长。"我们分析这个例子:在苏格拉底活着时,因为罗素还未出生,它不是一个事实;在罗素活着时,因为苏格拉底已经死去,它不是一个事实。这就意味着,它永远都不是一个事实。这当然更违背我们对事实的直观。

尽管罗素的事实概念实际上面临着非常严重的困难,但是这些困难并不意味着它是空洞的。人们通常以为,符合论将真理分为两极,一极是命题,另一极是实在,符合就是将命题与实在放在一起进行比较。这种两极的提法暗示着确认一个命题与确定相应的实在是两个不同的程序。但这是一种幻觉。符合论所承诺的本质教条并不符合观念,而是:一个命题之为真的基础在于客观实在,在于相应的事实。完全无需符合的观念。

实质上,符合论也是这样运作的。要刻画符合论,我们需要刻画命题和事实。我们无疑是通过句子来刻画命题的,但我们如何刻画事实?已成共识的是,唯一可能的途径是通过真句子。于是真命题本质地与事实关联起来。例如,如果命题〈雪是白的〉是真的,那么同时"雪是白的"也就是一个事实。这一点正如弗雷格所说的,当我们认识到某物具有某性质时,不可能不同时认识到该物具有该性质这一思想是真的。所以,我们一旦确认了真命题,只要我们接受符合论,那么我们同时也就确认了一个它所符合的事实。反过来,当我们确认一个事实时,我们也就确认了一个相应的真命题。因此,并不存在所谓的比较。

第三章
"真"之语义论

"真"不能在它所属的那个语言层面上得到定义,而必须在另一个层面的语言当中才能得到定义。

——A·塔斯基

波兰逻辑学家塔斯基试图回避符合论的核心概念,不想被它束缚。他为自己所设定的目标是要找到一种令人满意的真理定义,这种定义既是在内容上适当的,又是在形式上正确的。这种定义正确地反映在他所谓的"亚里士多德的古典真理概念"中所表达出来的直觉,而那种真理概念是指:"把是的东西说成不是,或把不是的东西说成是,这便是假的;而把是的东西说成是,或把不是的东西说成不是,这便是真的。"亚里士多德的这种真理概念可以用现代术语表述为:"一个语句的真实性在于同实在相一致(或符合于实在)。"但是塔尔斯基认为,这两种表述都不太精确,因而易于造成误解。因此,他的目的就是要提出一种关于这些直觉的"更精确的表达"⑩。

塔斯基在 1933 年发表《形式化语言中的真的概念》一文,提出了一种语义性真理论。对于"雪是白的"这一语句,他问的是该语句所表达的真值-条件:"在什么条件下,该命题为真?"他认为,正确的表达方式是,语句 S 在语言 L 中是真的。而语言 L 中的任何语句 S 都满足 T 模式,其具体途径是,先用递归的方法定义"满足",然后在集合演算语言系统中规定:"x 是一个真句子,用符号表示为 $x\in Tr$(Tr 为所有真句子),当且仅当 $x\in S$(S 指句子),且每一个无限的集合序列都满足 x",从而在形式语言中获取"真"的清晰定义。

第一节 语义"真"的定义

塔斯基在《形式化语言中的真的概念》一文中给出了一种对于"真"的语义学定义。

一、接受"真"定义的两个条件

在给出自己的定义之前,塔斯基首先明确了任何一种可接受的对于"真"的定义所必须具备的两个条件,亦即形式的正确性和实质的恰当性。前一个条件规定了对于"真"的定义

---

⑩ 关于塔斯基的语义性真理论,自 20 世纪 30 年代提出以来,国内外专家多有讨论,相关资料极为丰富,本章只是概要介绍。

所可能具有的形式的界限,而后一个条件则规定了对于"真"的定义所可能具有的内容的范围。

二、对象语言与元语言

塔斯基主张,"真"不能在它所属的那个语言层面上得到定义,而必须在另一个层面的语言当中才能得到定义。前一个被定义的层面上的语言被称为"对象语言"(object-language),而后一种对于前一语言层面上的"真"做出定义的语言则被称为"元语言"(meta-language)。这也就是著名的对象语言/元语言的区分,在这一区分的观照下,前此的各种"真"的解释便纷纷相形失色。

如上所述,必须区分对象语言和元语言的层面,也就是说关于对象语言的语义学必须在元语言中被给出。否则,便很容易导致语义悖论,如图3-1(a)所示,就出现了一个语义悖论。如果方框内的话是假的,那么它就是真的;而如果方框内的话是真的,那么它就是假的。这一悖论的产生正是由于混淆了对象语言和元语言的层面。"假的"作为一个语义谓词相对于这句话而言属于元语言的层面,而这句话则是在对象语言的

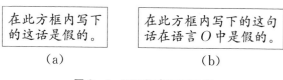

图3-1 不同语言层面示意

层面上说的。将元语言层面的语义谓词用于对象语言的层面就导致了这一语义悖论。

而如果我们把对象语言和元语言的层面区分开来的话，则这句话就可以改成如图3-1(b)所示的那样。在这里，语言O是对象语言，而"在此方框内写下的这句话在语言O中是假的"这句话则是在元语言中的陈述。更进一步，"'在此方框内写下的这句话在语言O中是假的'这句话是真的"相对于前面的两句话而言，则是一个在元元语言中的陈述。

由此可见，对象语言/元语言的区分是可以无限套接的，而这是因为对象语言/元语言的区分本来就是相对而言的。如我们用汉语来解释英语，那英语就是对象语言，汉语就是元语言；如我们再用俄语来解释前面用汉语对于英语的解释，那俄语在这里就成了元元语言：如是如是，便可以无穷地套接下去。

宽泛一点说，被解释的语言相对于解释的语言来说就是对象语言，而用于解释的语言相对于它所解释的语言来说就是元语言。如果一种语言混淆了对象语言和元语言这两个层面，那这种语言就称为是"语义封闭的"，如上面所举的那句出现语义悖论的话就是语义封闭的。"真"作为一个语义谓词因而便只能在元语言的层面上得到定义，也就是说：一个形式上正确的"真"的定义应该用一种不是语义封闭的语言来表达，这就是塔斯基所谓的形式正确性的要求。

三、T模式

当然,任何一个对于"真"的定义还必须在实质上是恰当的。在此,塔斯基力求把握的是"真"这个古老概念的实际意义。正如我们在前文所提到那样,亚里士多德说:"把是的说成不是,或把不是的说成是,这就是假,而把是的说成是,把不是的说成不是,这就是真。"塔斯基正是着眼于此而提出了他的实质恰当性的要求。

在亚里士多德的这句话里,"是或不是"与"说成是或不是"所涉及的是两个层面,前者是事实的层面,后者是语言的层面,亦即对事实进行言说的层面,而"真""假"便寓于后面这一语言的层面上。所以,一个陈述是真的就必须当且仅当事实也正如它所说的那样。严格的表达即为:

(T) S 在 L 里是真的当且仅当 p。

这正是塔斯基所提出的 T 模式。按照塔斯基的观点,任何一个语句的"真"都是相对于一定的语言而言的。所以 S 是真的只能是在一定的语言 L 里是真的。这里 S 就代表在语言 L 里的任何一个语句的名称,而 p 所指的则是与 S 相关的事实之所是或所不是。p 所对应的也就是亚里士多德所说的"是或不是",S 对应的则是他所说的"说成是或不是"。这样一来,亚里士多德的那个定义便在 T 模式中得到了严格的阐明。举例来说,T 模式的一个实例也就是这

样的:

"雪是白的"当且仅当雪是白的。

任何一个对于"真"的定义都必须能够导出这样一种符合T模式的所有实例,这是就"真"的定义所能涵盖的内容上来说的。所以,任何可接受的"真"的定义应该以T模式的全部实例作为后承,这就是塔斯基所谓的实质恰当性的要求。

应当注意的是,T模式并不是塔斯基对于"真"的定义,而是任何可接受的"真"的定义所能涵盖的全部实例的一般形式。既然塔斯基本人对于"真"的定义符合实质恰当性的要求,所以T模式也就是塔斯基的定义所能涵盖的全部实例的一般形式。而这个一般的形式并不就是塔斯基的定义本身。

第二节 "真"的形式处理

首先必须明确,塔斯基正是在元语言的层面上来定义对象语言层面上的"真"。其次,他又坚持认为不能采用语义概念作为初始概念来定义"真",因为任何语义概念都无法在理论形成之前就足够清晰,他在形式语言中的处理是通过定义开语句的"满足"来定义闭语句的"真"[11]。

---

[11] 关于塔斯基"满足"概念及其相关真理论等的进一步分析,详见李主斌(2010)。

一、满足

"满足"是塔斯基对"真"进行定义所使用的初始概念。具体说来,满足是开语句与对象的有序 n 元组之间的一种关系。

例如,"x 是一位老师"为亚里士多德所满足;"x 是 y 的学生"为〈亚里士多德,柏拉图〉所满足,等等。塔斯基在明确一个闭语句或为任何序列所满足、或不为任何序列所满足这一点之后,做出了一个定义:一个闭语句为真当且仅当它为所有的序列所满足,一个闭语句为假当且仅当它不为任何序列所满足。

举例来说,有一个闭语句"(存在 x)(x 是白的)":令 X 为任意一个无限的对象序列。根据带量词语句的满足定义,X 满足这个语句,当且仅当存在某个无限的对象序列 Y,Y 至多在第一个位置上与 X 不同,并且 Y 满足"x 是白的";现在,存在一个对象 O 满足"x 是白的",当且仅当 O 是白的;所以,存在这么一个序列 Y,当且仅当存在对象 O 且它是白的。这样,"(存在 x)(x 是白的)"为所有序列满足,当且仅当存在一个对象 O 是白的。也就是说,"(存在 x)(x 是白的)"是真的当且仅当 O 是白的。再具体到某一个真语句的实例,我们就可以得到上文所例举的那句话:"雪是白的"当且仅当雪是白的。

二、开语句和闭语句

在塔斯基看来,复合的闭语句并不是从原子的闭语句那里构造出来的,而是从开语句当中构造出来的。比如说,"(存在 x)($Fx \lor Gx$)"就是从"Fx"和"Gx"这两个开语句通过析取运算,再加存在量词约束自由变元 x,从而构造出来的一个闭语句。闭语句是开语句的一种特例,即那些没有自由变元的语句。开语句没有真假可言,而只能说为对象满足或不满足;而闭语句若不是真的则就是假的。既然闭语句是通过开语句构造出来的,那我们便有理由通过定义开语句的"满足"来定义闭语句的"真"。

"满足"并不是一个语义概念,而是一个形式概念,它正是塔斯基对"真"进行定义所使用的初始概念。开语句无所谓真假可言,而只能说为某些对象的 n 元序列满足或不满足。例如,"x 是一个城市"为上海所满足;"x 在 y 的南面"为〈上海,北京〉所满足;"x 在 y 和 z 之间"为〈上海,北京,广州〉所满足,等等。在这里,"〈…,…〉"表示出现在角括号之间的 n 个对象的有序 n 元组,这个 n 元组必须是有序的,因为〈上海,北京〉满足"x 在 y 的南面",而〈北京,上海〉则不满足。满足也就是开语句与对象的有序 n 元组之间的一种关系。而为了避免一个开语句可以为任意多个相互包含的有序 n 元组所满足这种情况的出现,塔斯基便将"满足"严格地定义为:开语句与对象的无限序列之间的一种关系,也就是说,"$F(x_1,\cdots,x_n)$"为对象的无限序列$\langle O_1,\cdots,O_n,O_{n+1},\cdots\rangle$所满足,当且仅当它为该序列的前$n$个元素所满足,后面的元素则可以忽略不计。

进而,一个开语句S_1的否定正好为那些不满足S_1的无限序列所满足;"$S_1 \wedge S_2$"正好为那些既满足S_1又满足S_2的无限序列所满足。而给一个开语句加存在量词得到的句子为一个对象的无限序列所满足,当且仅当存在某一个其他的对象无限序列,这个序列至多在第i个位置上与前一个序列不同(此处第i个是为那个量词所约束的变元),并且这个序列满足通过去掉量词而得到的开语句。例如,无限序列〈上海,北京,广州,…〉满足"(存在x)(x在y与z之间)",因为存在一个无限序列如〈南京,北京,广州,…〉,这个序列只有在第一个位置(即为那个量词所约束的变元所处位置)与前一个序列不同,并且它满足"x在y与z之间"。

闭语句是那些没有自由变元的语句,也就是那些把开语句的所有自由变元都通过加量词来约束从而得到的语句,即0-位开语句。在此,应当注意的是,任何闭语句或者为所有的序列所满足,或者不为任何序列所满足,但就是不能为一些序列所满足,而又不为另一些序列所满足。因为,根据前面关于带量词的开语句的满足定义,便可以得到:一个序列的第一个元素以及所有的后继元素对于该序列是否满足一个0-位开语句,即一个闭语句是无关的。对一个0-位开语句而言,一个序列满足它所需的条件仅仅是存在一个与它在所有位置上都不同的序列,并且这个完全不同的序列满足那个0-位开语句在去量词之后所得的开语句。既然一个序列是否满足一个0-位开语句(即闭语句)与这个序列的所有元素都无关,那么一个闭语句也就必然为任何一个序列所满足,或不为任何一个序列所满足。对一个闭语句加否定及对两个闭语句进行合取所分别得到的闭语句相应地也一样或者为任何序列所满足,或者不为任何序列所满足。

三、闭语句的"真"

在定义了开语句的"满足",进而明确了一个闭语句或为任何序列所满足,或不为任何序列所满足这一点之后,我们便可以来定义一个闭语句的"真"。

塔斯基的定义是这样的:一个闭语句为真当且仅当它为所有的序列所满足,一个闭语句为假当且仅当它不为任何序列所满足。

举例来说,有一个闭语句"(存在 x)(x 是白的)":令 X 为任意一个无限的对象序列。根据带量词语句的满足定义,X 满足这个语句,当且仅当存在某个无限的对象序列 Y,Y 至多在第一个位置上与 X 不同,并且 Y 满足"x 是白的";现在,存在一个对象 O 满足"x 是白的",当且仅当 O 是白的;所以,存

在这么一个序列 Y,当且仅当存在对象 O 且它是白的。这样,"(存在 x)(x 是白的)"为所有序列满足,当且仅当存在一个对象 O 是白的。也就是说,"(存在 x)(x 是白的)"是真的当且仅当 O 是白的。再具体到某一个真语句的实例,我们就可以得到上文所例举的那句话了:"雪是白的"当且仅当雪是白的。

以上,也就是塔斯基对于"真"的语义学定义。在这一定义中,闭语句所刻画的也就是对象语言里的所有语句,而开语句则是在元语言层面上的语句,闭语句的"真",即对象语言层面上的"真"正是在元语言的层面上得到定义的。所以,这一对于"真"的定义在形式上就是正确的。而正如上一段所例举的那样,从塔斯基对于"真"的定义中可以导出"'雪是白的'当且仅当雪是白的"这样的 T 模式的实例来,这也就表明了,这一定义完全能够以 T 模式的全部实例为其逻辑后承。所以它在实质上也正是恰当的。

第三节 语义论的发展

塔斯基认为,关于对象语言的语义学只有在元语言的层面上才能得到建立,在对象语言中的"真"相应地也只能在元语言的层面上来定义。他提出的真的语义论,所做出的正是这么一种在元语言的层面上来定义对象语言中的"真"的尝试。可以毫不夸张地说,正是这种尝试对于"真"理论的研究而言别开生面。

塔斯基认为语义学理论不能被应用于任何自然语言,如英语,因为它们包含对自身的真值谓词。戴维森将该理论作为他的真值条件语义学的基础,并以融合主义的形式将其与彻底解释相联系。

总的来看,塔斯基在语义学的层面上对于"真"给出了严格的定义,这一定义既符合形式正确性的要求,也符合实质恰当性的要求,所以按照他本人所提出的任何可接受的"真"的定义所必须具备的条件来看,这一定义也正是可接受的。

与此前的"真"的定义相比,这一定义明显地具有在概念上更为清晰、在步骤上更加严格的优点,所以这一定义更具有令人信服的力量。至于他在这一定义中所提出的对象语言/元语言的区分,则几乎就可以说为我们今天对于"真"的定义的进一步研究确定了基本的框架。

当然,争议依然存在。塔斯基对于"真"的这个定义是符合论的吗?假如我们着眼于 T 模式来看的话,答案无疑是肯定的。但我们应当记取的是,T 模式仅仅是对于任何一个可接受的"真"的定义所必须具备的逻辑后承的一般形式。我们并不能将它等同于"真"的定义本身。

无疑,塔斯基对"真"的语义学定义相对于符合论而言,具有更加丰富的思想内涵,同时也蕴含着更为深刻的哲学问题。至于蕴含在其中的那些哲学问题,则必将在这一定义在此后的效应史中逐渐地展现出来。现在我们离它还太近,想要一窥其甚深理境也还是一件极为困难的事情。值得庆幸的是,我们至少可以说:塔斯基对"真"的语义学定义无疑鼓舞人心。

虽然真的语义论是从形式的角度分析真,达到了逻辑的一致性要求,但其适用范围过窄:它所谈到的真仅仅指数学或逻辑系统中的真命题或语句,而难以包摄自然语言中的大量命题或语句。若弱化一致性要求,把这种真理论应用于一般的知识信念,将真看做是得到证明的或得到辩护的信念,如普特南(Hilary Whitehall Putnam)所说的"真"是一种合理的可接受性,又由于盖梯尔问题[12]的存在,我们不能把真与可辩护性画等号。

---

[12] 盖梯尔问题(The Gettier Problem)也称作"盖梯尔悖论","盖梯尔例证"。自从柏拉图以来,命题知识被标准地定义为已被证明的真信念,这种分析如下:A 知道 P,当且仅当(i)P 是真的;(ii)A 相信 P;(iii)A 有充分的理由相信 P。这种传统的分析受到了盖梯尔(Edmund Gettier)在题为《明辨了的信念就是知识吗?》(《分析》,1963)一文中提出的挑战。盖梯尔对这个定义提出了一些反例,其中之一如下:史密斯与约翰申请同一个工作。他相信约翰将会得到这份工作,他还知道约翰的口袋里有十个硬币。因此他就有理由推出这个信念:将会得到这份工作的人,口袋里有十个硬币。最后的结果是,史密斯本人得到了这份工作,而且碰巧他的口袋里也有十个硬币。因而,相信将会得到这份工作的人在口袋里有十个硬币,就会是真的了,而且史密斯有充分的理由相信这一点。但他并不知道这一点。这表明,传统对知识的分析是有问题的,因为 A 并不知道 P,尽管所有这三个条件都得到了满足。

第四章
"真"之语用论

人应该有爱好真理,一见真理就采纳它那样的心灵。

——歌德(Johann Wolfgang von Goethe)

在语用层面上看,对于"真"有实用论、冗余论和紧缩论等不同理论。而真之实用论有其哲学方法论背景(邵强进 2011)。在真之实用论者看来,真的意义在于运用它而产生的实际的或实验的效果,"真"也就是我们通过科学的探究而最后确立的意见。冗余论则指出"真"在表达中的多余性。进一步,紧缩论旨在缩小概念"真"被假定具有的重要性。

塔斯基的"真"理论把"真"上升到了语义学的层面来定义,而认为在一种语言中的"真"作为在这种语言中的语句本身所具有的一种性质只有在另一层面的语言中才能得到形式上准确和实质上齐备,或者说内容上完全的定义。真的实用论和冗余论则转而向下,将"真"的核实性标准落实到语用的层面,从而就语句之为一种存在所具有的"真"这种属性对于它所在的语言以及我们的行为所具有的意义做出了大量富有建设性的论述。

第一节 实用论

一、逻辑视角下的实用主义原则

皮尔士被誉为现代指号学(semeiotic)之父,指号也是皮尔士思想中最基本的概念。但与索绪尔(Ferdinand de Saussure)的语言学进路不同,对象世界成为指号过程(semeiosis)中代表项(representamen)与解释项(interpretant)——索绪尔意义上的"能指"与"所指"——之外的第三个维度,而且尤其重视非语词的自然指号体系。皮尔士认为"指号充满整个宇宙,即使不是全部由指号构成"(Brent, J. 1998,346),而且一切思想都是指号,人的实验性的行为正是思想的一种操作活动,这便意味着人对于他自己也是指号,一个复杂得多的三元(triad)指号。

逻辑最初被认为是指号学分支的一个分支,而指号学是关于指号及其功能和解释的研究,皮尔士称之为"代表的科学",但到后来,二者几乎有着共同的研究领域,尽管在某些非逻辑学家的指号学家那里有不同的强调。但在其整个思想生活中,皮尔士最大的激情在于逻辑研究,他把它理解成解决万物之谜唯一有用的方法。对他来说,逻辑不是大学课程里所见到的那种机械的真值表和定理的证明,而是接近实在的唯一方式。

1898年,威廉·詹姆士(William James)在其加利福尼亚大学讲演中将皮尔士奉为"实用主义"缔造者,但皮尔士的实用主义完全区别于以詹姆士、杜威(John Dewey)、C·S·席勒(Ferdinand Canning Scoot Schiller)和罗蒂(Richard Rorty)为代表的"人文主义"倾向,以致他自己后改称"实用主义"(pragmaticism)。阿佩尔(Karl-Otto Apel)认为,皮尔士的实效主义应当被看成是"未来'科学逻辑'的大纲与计划",也即,要认识和解释这个世界,不能纯粹通过一个它预先确定的、规律性的结构,而更必须把它继续发展为一个历史的、社会的世界,它有关制度与习惯,我们必须为它假定责任,则人们显然使人类面临其他任务,除了通过科学或把科学转换为有效率的行动,也即广义上的技术,来客观化并解释世界这一任务。作为解释者共同体的成员,人们必须为人类保持参与科学的主体,并依然能够被当成理性知识与惯例(praxis)的主题(Apel 1981)。

皮尔士是一位密切关注科学史、哲学与数学的学者。从其科学与宗教的个人体验及其对过去的认识,他非常明白现代科学发明需要在基本信念上进行一次巨大的、文化颠覆性的革命。皮尔士狂热地相信,他已经发现了一种思维模型,它是该信念的例证,同时也是理解宇宙创造方式的关键。在这一模型中,对于世界的理解只能通过对知识体系的逻辑详述,它只包括三个范畴:第一、第二与第三。在1887—1988年间,在《谜题猜想》(*A Guess at the Riddle*)中,他说:"……三个要素活跃在世界之中,第一,偶然性(chance);第二,法则(law);第三,形成习惯(habit-taking)……这是我们对斯芬克斯之谜的猜想。"(布伦特2008,5)15年之后,他把自己成熟了的逻辑理论宽泛地称为指号学,其应用之一是形式的科学逻辑,其自身包含了一个被称为实用主义的意义澄清原则。

正是这一信念导致皮尔士作出了他的特别宣言。皮尔士于1877年至1878年间出版了《科学逻辑的阐释》(*Illustrations of the Logic of Science*),后于1880年创作了《论逻辑代数》(*On the Algebra of Logic*),在他父亲于1880年去世后,他转向形而上学。在1892年《理论的知识体系》(*The Architecture of Theories*)出版后,19世纪80年代中期他的学术事业崩溃,伴随着一种势不可挡的宗教体验,皮尔士对自己进行了深刻的反思,根本性地改变了他对其哲学导向重要性的观点,并导致他宣称那个著名的教义:逻辑学建立在伦理学基础之上以及伦理学建立在美学基础之上。在皮尔士的科学分类中,逻辑学作为与合目的性相联系的规范科学的第三个门类,遵循着美学和伦理学,并成为其应用门类:"逻辑上的善就是道德的善的一个特殊种类"(Houser N. & Kloesel C. 1992—1998,Vol 2,200),它是伦理原则的另一形式。

对于"真",皮尔士也有其特别理论。他认为:"自然和心灵拥有这样一种共通(community),它使得人们可以形成一种趋向真理的猜想,与此同时它们需要经验科学的证实。"(布伦特 2008,44)这意味着真理是一种性质,其价值由在实践中运用概念所得的效用来确认。因此,不同于前述传统意义上的符合论,"真"等于是理论和目的的符合,是过程和结果的符合,是效用与情感符合。

皮尔士于1878年精确表述了"实用主义原则"(pragmatic maxim):"考虑我们的观念的可以设想的实际意涵,我们可以设想它所拥有的对象,继而,我们对这些效果(effects)的概念就是对该对象的概念的全部。"(Peirce 1878,119)简而言之,意义是物理学家所谓的一种思想实验,它是通过其可设想的结果而对某一假设进行检验的结果。意义是虚拟的,不是实际的。

一个概念的意义就在于运用它而产生的实际的或实验的效果,"真"也就是我们通过科学的探究而最后确立的意见。在他看来,信念倾向于行动,而科学的方法是使我们获得稳定的、不受怀疑的信念的唯一方法。所以,真作为科学探究的结果,也就是那种能为一般人所一致接受的意见或者说信念,它作为一种信念便能够引发我们的行动,从而在现实中发挥一定的效用。

二、真理是信念的确定

根据实用主义的观点,一个概念的意义就在于运用它而产生的实际的或实验的效果,那么"真"作为一个概念,它的实效又在哪里呢?

从认识的发展路径上看,真理与错误的区分源于自我的出现。皮尔士以儿童学习语言为例,解释了自我的起源与认识的可错性。在学习语言的初期,儿童并非一开始就能适当地运用"我"这个词语,亦即自我意识是后天习得的,而非生来就具有的。在这之前的世界是第一的、现在的、直觉的、新鲜的、新奇的、初始的、原始的、自发的、自由的、生动的、自觉的、易逝的。但,记住对它每一个描述都是伪装的(Brent1998,134)。渐渐地,"当他所面对的东西具有任何实际的颜色,当他的舌头上的东西具有任何实际的味道",儿童第一次发现了直接当下的感觉内容(Houser N. & Kloesel C. 1992—1998, Vol 1,19);在与环境的交互作用下,继而掌握作为人类特有功能的语言能力。

儿童语言的习得源于一定的声音与一定的事实的关系在他的头脑里建立起来。通过这些本能性的或试验性的努力——他学会了产生那些声音,并开始和人对话。但生物进化形成的与生俱来的天赋使人类有能力超越有限视域,进一步领会与一个不出现的事实相联系在一起的"证言",建立起事实与现象之间的区别,而证言观念的诞生意味着自我意识的诞生(P. E. P. 1982—, Vol 2, 7)。发现无知与错误,正是发展一个关于可误自我的观念的契机。作为构成自我的本质从而也无可克服的可误性的合理假设,自我的发现堪称自然之光(illume naturale)——假设推理(abduction,又称溯因推理 retroduction)的第一次闪烁。一如鸟类具有飞行的本能,现代科学的缔造者们从伽利略(Galileo Galilei)、开普勒(Johannes Kepler)到爱因斯坦(Albert Einstein)在他们"推理的最紧要关头",无不依赖这一"内心的力量……将他们的精神带向真理"(Brent 1998, 334—35)。

富于哲学意味的是,自我的形成同时宣告了德瓦尔(Cornelis de Waal)所说的:"事实与现象、实在与虚幻、真理与错误的区分的出现。"(德瓦尔 2003, 114)在孩子的直接经验中,只有被触摸的东西才可能具有烫的属性,因而母亲的证言并没有阻止他尝试烤箱的滋味,结果不言而喻。我们可以注意到在这个例子中,母亲的证言、孩子的心理效应、烤箱,恰构成了指号过程的三元解释关系:代表项、解释项和对象。我们对外部世界的再现必须以指号(sign)为中介,我们没有不用指号思维的能力。从母亲也有她稚嫩的童年中可以读出:认知活动并非一劳永逸,而是无限延展的动态网络(Johansen, J. D. 1993, 154),且依赖于在进化论意义上与生活世界相互适应的生生不息的理想共同体。

皮尔士认为，真也就是我们通过科学的探究而最后确立的意见。所以说，真也就是一种能够带来实效的知识。

皮尔士将真理定义如下："真理是抽象陈述与理想极限的一致，无尽的探究将带着科学信念趋于真理，抽象陈述通过承认它的不准确和片面性而拥有与理想极限的一致，这种承认是真理的本质要素。"（Peirce，C. S. 1901）这一陈述强调了皮尔士的观点，即有限的探究所获结论是不完全的、有偏见的，但探究活动会使信念逼近真理，在别处他表述为可误论并指向未来，这两者构成了恰当的真理概念的本质内容。尽管皮尔士使用一致这样的词语描述符号间关系的一个方面，他同样颇为直率地说仅仅基于符合论的真理定义不过是个名义定义，他认为名义定义次于真实定义。

在皮尔士看来，科学的主体不是个人，而是社群性的交往共同体，在自由、开放的交流过程中，通过历史性的指号解释过程，终极信念将得到"非强制的赞同"（Rorty, R. 1991, 41）。这将是皮尔士意义上的真理之达成。

真理的达成也是科学发现的逻辑展开。皮尔士的一项重要发现是一种独特的论证，他起初称之为假设（hypothesis），后又称之为设证（abduction）或回溯（retroduction），它既不同于演绎，也不同于归纳，同时在数学与科学中必不可少。不论这第三种论证应该有什么样的专业名称或定义，与其他两者之间的关系会产生什么样的确切结果，它的基本要素是俗称为猜想(guessing)的某种东西。

《皮尔士传》(*Charles Sanders Peirce：A Life*)的作者约瑟夫·布伦特(Joseph Brent)认为,皮尔士所描述的探究的逻辑要求有风险的假设推论或猜想(他所谓的设证),这是迈向知识的第一步,这一步总是服从于探究者群体的归纳检验,体现了一种所谓的"悔悟的可错论"(contrite fallibilism)精神(布伦特2008,3),也意味着对真理的探究是一种历史的过程。

皮尔士在其解释模型中准确地指出,在可错的噪音中,事实只是诉说演绎地蕴含着它们的猜想、猜测与假设,继而又被归纳地验证。历史学家所做的大部分工作可以由以假设本质为中心的逻辑所描述,皮尔士穷其一生如痴如醉地试图完成这种逻辑。

皮尔士乐于自称"实验科学家",其部分原因在于科学正是堪称"逻辑社会主义"的典范,是作为人类宽容与友爱榜样的社会活动(Rorty, R. 1991,39)。正如皮尔士在1905年准备的一篇讲稿中说:使其事业成为科学的,并不是他们所已经探明的东西,而是他们根据(我不想这样说的)当时所知最好的方法追求真理的一个部分。我不把单个人的孤立研究称为科学。只有当一群人,他们多少相互交往,……这时我才称他们的生活为科学。……他们中的两个人遇到一起,精通彼此的观念和交谈语言,并且会感觉彼此就是兄弟(Robin, R. S. 1967,1334)。由此我们看出,科学的本性不是某种已经被确认的真理的系统汇总,而是致力于某种对知识的忘我的、审慎的和终生的追求;一种对真理的献身的兄弟会。

皮尔士不是个独断论(dogmatism)者:对于有限的意识主体来说,实在作为整体,在本质上是不可知的,即便是作为认知过程主体的精神共同体,在任何一个时间点上同样无法获得确定的认识(阿佩尔 2005,117)。同时,他反对怀疑论(scepticism):运用试错法(trial and error),通过充分漫长的探究历程终将使我们趋向真理,达成普遍赞同和一致。怀疑论拒绝不能绝对证实的信念,因而将阻碍知识的增长。"不要堵塞探究之路!"(Houser N. & Kloesel C. 1992—1998,Vol 2,48)出于同样的理由,必须放弃康德的物自体,破除"不可知论"(agnosticism)迷雾。

皮尔士所意指的真理不再是简单的、外在于人的符合关系,既不可操作又不可判定,正相反,因其某种程度上与作为第三性的规律同义,而具有属人的客观性。不仅如此,一般之物或者说规律,将通过人的自我控制越来越多地转化为现实事物,向确定的合理性进化。爱真理,作为一种对待同类的态度,与爱人类融合在一起,都被归之于共同体的交往理性(communicative rationality),这也就是科学进步性的源泉。封闭孤立的自我不过是虚幻的假象,晚年的皮尔士满含希望:以共同存在为本质的人类将在逻辑社会主义的指引下,一刻接着一刻,向着越来越纯净的至善(summum bonum)进化。

三、皮尔士理论的发展

基于上述认知,一如后期的维特根斯坦,皮尔士颠覆了传统的私人语言(private language)观念,亦即我们的思想是私有的,只有当我们需要与他人交流时,才将它外在化,翻译为公共指号,比如表情、姿势、行动、语词,甚或绘画、音乐等艺术形式。正相反,作为交往理论的指号学告诉我们,思想本质上居住于公众指号的结构之中,个体的心智只不过是指号内在化的载体。"一个人并不绝对是个人。他的思想是他对自己所说的话,即另一个自我……当他推理的时候,他力图说服的是他的批判的自我。所有的思想都是一个指号,因此大都具有语言的特性。"(Houser N. & Kloesel C. 1992—1998, Vol 2, 338)可以看到,这里暗藏着柏拉图《智者篇》中"思想是灵魂与自己的沉默的对话"的影子(德瓦尔 2003, 116)。

思想不仅不能被分配到个体的心智之中,恰恰相反,心智从来就不属于我们,我们不过在心智的表面"浮游"并且属于它(P. E. P. 1982—, Vol 7, 558)。在别具一格的话语中,皮尔士对纯粹私人世界的否定尤为显著:就像我们说一个物体在运动而不是运动在一个物体里,我们应该说我们是在思想里,而不是思想在我们里面。不是我们在思考,而是思想通过我们不断发展。

皮尔士对思想的阐释可与下述事实互为参照。1868年,在《四种不可能的某些后果》("Some Consequences of Four Incapacities")一文中,皮尔士批驳了在笛卡儿主义普遍怀疑、个体内观所笼罩下的近代哲学,并针锋相对地提出反基础主义:我们不可能通过个体的纯理性的反思找到一个牢不可破的知识起点。由于皮尔士将认知视为超越一切有限主体的永无止境的指号解释过程,以三元关系为基础的认识论突破了康德先验逻辑的窠臼,对近代以来的知识概念施以指号学改造:知识只能被看做面临环境压力而不断调整的信念网络,而非建立在坚实基础上的坚固的大厦(朱志方 2004);知识的本质植根于社会性之中,其可靠性依赖于共识。这与后世的"进化认识论"(evolutionary epistemology)互为印证。

在 1867 年的《论推理的自然分类》("On Natural Classification of Arguments")一文中,皮尔士揭露了实证主义者面对直接经验所无法证实的历史时的虚伪性:由于将实证主义原则严格运用到历史上时,就会导致荒谬的结论,因而不得不吹嘘他并不知道世界如何绝对地存在着,而只知道呈现在他面前的世界(朱志方 2002)。在皮尔士看来,实证主义者之所以否认历史见证,其根源在于全盘误导了整个西方形而上学传统的亚里士多德真理定义。这个被普特南称之为"神眼视角"(God's-eye view)的认识论将认知主体绝对化、抽象化,以超然物外和全知的态度静观世界,与生俱来的时间性隐退了。

按照皮尔士的语用学(pragmatics)定义,真理不过是信念的换一种说法。皮尔士曾断言:"有三样东西我们决无希望通过推理达到:绝对的确实性、绝对的精确性、绝对的普遍性。"(Peirce 1932—58, vol. 1, 58)因而,历史的实在性恰来自其假设性:只有假设拿破仑(Napoléon Bonaparte)确实存在,才能说明历史文献。允许施黎曼在黑赛里克发掘武器与器皿,却不允许他设想这些东西是由什么人制造或使用过的?实证主义者盲目地对假设推理嗤之以鼻,也就难以回答亨佩尔(Carl Gustav Hempel)质疑理论术语必要性而提出的"理论家困境"(theoretician's dilemma),同样无法理解旧形而上学在皮尔士于《信念的确定》("The Fixation of Belief")一文中所推崇的科学方法下获得重生,因为形而上学正源自不能被直接经验所证实的假说,这在实证主义是不被允许的。可以发现,作为经验之最终有效性的依据的探究逻辑,"第三种工具"假设推理与超个体认知统一体之间的会聚。

此外,与伽达默尔(Hans-Georg Gadamer)所谓"视域的融合"(fusion of horizons)异曲同工,皮尔士看到了历史还原的复杂性恰在于指号阐释行为的开放性,再次借用他本人的例子:现代人普遍想象理查三世是位能干的君主,十有八九是因为从来没有读过关于理查三世的第一手材料(Johansen, J. D. 1993, 158)。现有指号中所蕴含的关于对象的认知,先在地构成我们在新的生活环境下把握世界的基础,而且语言的演变提示我们：任何信念都只是"半休止符"，人类会根据新的需要改变原有的指号含义。从这个意义上讲，旧指号即是新指号所代表的对象。同理，眼前的指号又将成为后人认识世界的出发点，换言之它是未来指号的所指。因此，历史学确如库恩(Thomas Sammual Kuhn)所言，是个"拼板游戏"。

经由自我诞生于对私人世界的超越、人的本质植根于以指号为中介的思想操作、知识源自公共的指号解释过程以及共同体在科学发展中无可取代的推动作用四个环节，我们最终到达了阿佩尔称之为皮尔士的逻辑社会主义原则，一个非个人的确定性标准：探究者共同体所进行的社会性活动在规范逻辑学的指引下终将使我们的信念趋向真理。

詹姆士和杜威等人继承了皮尔士的观点，继而强调"真"也就是那种使我们的信念之成其为知识的那么一种性质，因为"真"作为一种性质也就是所谓的"有根据的可断定性"(苏珊·哈克2003,122)。

詹姆士版本的实用主义理论，通常经由他自己的陈述概括为："真的"不过是有关我们的思想的一种方便方法，正如"对的"不过是有关我们的行为的一种方便方法一样(James, W. 1909)。通过这句话，詹姆士意味着真理是一种性质，其价值由在实际实践中运用概念所得的效用来确认(因而称为实用主义)。他又进一步认为，坚持真信念的长处就在于这种信念能够保障人们克服不顺从的经验，从而使我们摆脱那些

杜威(John Dewey,1859—1952)

难以驾驭的经验的干扰；而反过来，假的信念则最终会在实际的操作中被揭露出来。

杜威对真理的定义比皮尔士广，但狭于詹姆士，他认为为了澄清、证明、改进并且/或者反驳已提出的真理而将它提交到探究者共同体公开检验，如果这样做，探究无论是科学的、技术的、社会学的、哲学的还是文化的，都会随时间而自我更正(Bernstein, R. J. 1969, 383)。当然，意见(doxa)和知识(episteme)自古以来都是在人类的认识活动中对立的两极，所以，关于意见的信念和关于知识的信念便是截然相反的两回事情。而真也就是那种使我们的信念之成其为知识的那么一种性质，因为"真"作为一种性质也就是前述"有根据的可断定性"，这是杜威对于真的实用论的进一步发展。

总的来说，在实用主义看来，真的效用就在于能使我们获得稳固的信念，从而摆脱怀疑的干扰，进而以这么一种作为知识或者说真知的信念来引导我们的实际行动；反之，假的信念则必将在我们的实践中被证伪，因为它并不像真的信念那样具有实际的效用。这也就是实用主义对于"真"的基本看法，也即实用论的真。简单地说，在他们看来，真即在于有用，所以，对一个信念的真假进行检验也就是看它是否具有实际的效用。所以，"真即在于有用"作为真的实用论的基本主张也正是他们所提出的对真的检验标准。

当然，在我们看来，这一标准仅仅是核实性的，因为有用无用的检验永远都只能是事后的,在一个信念还没有付诸行动之前,我们如何检验它是真的还是假的?这正是真的实用论所面临的困境。所以,他们所说的"真即在于有用"在我们看来便只有限制在对于真的核实的范围之内才能说是有效的。也正有鉴于此,我们才把真的实用论判定为一种关于真的核实性标准的理论。

进而言之,"真即在于有用"可以是一句非常深刻的哲理,也可以是一个充满了市侩气的哲学命题。这要看我们如何去解释它。

按照实用主义哲学家们的解释,这里所说的"有用"就在于确保稳固的信念、从而引导正确的行动。也即是说,具有"真"这种属性的命题就已经潜藏了指导行动的功用。这样,语言和行动便在真的实用论那里被联系了起来。所以,我们认为,真的实用论也正是在语用的层面上说的。在某种程度上,它正回答了"什么是我们信念的对象和行动的指针"这一问题。

在后期的维特根斯坦那里,也体现出了某种实用论的倾向。在《哲学研究》中他便提到:我们说一个句子是真的或假的,正如我们在玩象棋的时候说"王"这个棋子可以被将、而"卒"这个棋子却不可以被将一样。如果我们说不仅"王"可以被将,"卒"可以被将,那一定是一场"没意思""太愚蠢""太复杂"的游戏了(维特根斯坦,L. 2001, 80—81)。我们说一个句子,也可以讲是我们用语言所展开的一场游戏中的一部分,当我们赋予一个句子以"真"或"假"的时候,我们就等于是在说哪些句子可以被"将"而哪些句子不可以被"将"。这也就使我们的语言游戏在不确定性中具有一定的确定性或者说可操作性。

同样地,即使我们不赞同语言是一场游戏的看法,我们也不得不承认"真"和"假"的概念是我们正确地使用一个句子的必要保证。这也可以说是"真"在语用层面上的一个重要属性。或者宽泛一点说,也正是语义谓词(如"真""假""不可能"等)在语用层面上的一种特殊效用。这是我们对于"真即在于有用"的另一种解释,而值得我们在这里特别地表彰一下。因为,"真"的这种效用正触及语言对于自身的一种规约。这也正是"真"这个词在语用层面上所展现出来的一种特殊性质。

另一种真理论也与实用主义论相关,即共识论。共识论认为真理是任何被某特定群体一致同意的东西,或者说是特定群体可能就此达到一致同意的东西。共识论的标签以不同的名称被贴在许多在其他方面非常不同的哲学观点上。某些实用主义理论的变体被包括在共识论中,虽然实用主义理论范围十分广泛而应有它自己的分类。共识论作为一种有益的对真理概念的说明,哈贝马斯(Jürgen Habermas)是它的当代倡导者,哲学家莱谢尔(Nicolas Rescher)则是当代强有力的批评者。

皮尔士对指号学的独创性研究，许多已成为现今哲学论争的中心和焦点，它的包罗万象使其不但成为分析哲学合适的理论生长点，而且提供了解释学发展的契机。

布伦特教授认为（布伦特2008，6），毋庸讳言，在数理逻辑的帮助下，科学逻辑与分析哲学同时发展，并已经达到比皮尔士高得多的技术水平。但可以确信的是，现代科学逻辑著作从逻辑实证主义的反对形而上学计划中接手的基本的、二维的（句法-语义）方法，在根本上不如皮尔士的三维指号学方法。二维的方法迫使科学哲学家把所谓语用维度的形而上学问题，也就是有关主体解释并参与科学的问题，还原为经验科学的问题。当前，我们已经见证了二维科学逻辑的消解与重建，它已经开始让位于三维的、控制论导向的科学"系统论"，它被想象成一种人类的、社会的活动。

卡尔·波普尔认为，皮尔士是第一位后牛顿时代的物理学家和哲学家，因而他敢于在某种程度上接纳"所有云是钟"（all clouds are clocks）的教义，他进一步相信，皮尔士坚持这种观点与经典牛顿物理学相容是正确的，甚至也与爱因斯坦的（狭义）相对论相容，而且它还更为肯定地与新的量子理论相容（Fisch, M. 1986, 426），这也意味着皮尔士的观点具有更大的包容性。

第二节 冗余论

按照真的冗余论（redundancy theory），断定一陈述为真完全等价于断定该陈述本身。例如，断定语句"'雪是白的'是真的"等价于断定语句"雪是白的"。冗余论者从下述前提中推断出他们的观点，即真理是个冗余的概念，换言之，它只是在某些谈话语境中方便使用的语词，并不指向任何实在。该理论通常归功于那位英年早逝的拉姆赛。他认为使用语词"事实"和"真理"不过是断定一命题的迂回方式，将这些语词视为隔离于判断之外的单独问题来处理不过是语言混乱。

如上所述，"真"这个词不仅具有使我们的信念成其为知识、从而引导实践的效用，而且还具有使我们对语言的使用在某种程度上得到规约的效用。"真"这个词是"有用"的，但同时又是"多余"的，正因其"多余"所以才"有用"。

那么，"真"在何种意义上是多余的呢？

关于"真"的冗余论早在弗雷格那里就已露端倪。"……是真的"这一谓词对于其所属命题并未表达任何超出其陈述的内容，最早提出这种类似想法的可能是弗雷格。需要注意的是，句子"我闻到了牡丹花的香味"和句子"我闻到了牡丹花的香味是真的"具有相同的内容，因此，我为该思想添加真的属性并未增加任何东西（Frege，1918）。

而拉姆塞是该理论第一位认真而系统的倡导者。在拉姆塞看来,谓词"真"和"假"是多余的,它们可以从所有的语境中消失而没有语义的损失;它们在一个句子中的存在无非是出于强调或其他修辞学上的目的,或者就是为了表明一个命题在推论中的位置而已:这就是"真"的冗余论的基本思想。

真与假主要是归于命题,而命题要么能被明确给出,要么能被描述。例如:

那是真的:凯撒被谋杀了。(It is true that Caesar was murdered.)

凯撒被谋杀了。(Caesar was murdered.)

这两句话在意思上就是一样的。对上一句话,我们把"那是真的"去掉,意思并不会发生改变,反过来看,我们给下面那句话加上"那是真的"也并没有为这个句子增添什么新的意思。所以,"真"在这里完全是多余的,因而便完全是可以去除而不影响语义的。人们在语句中使用"真"和"假",不过是出于强调或风格上的原因,出于实用(袁正校,何向东 1998)。真和假充其量只增加了一种强调作用,或标明命题在论证中所具有的地位,或出于文体风格上的考虑而被放置在那里。就像弗雷格所说为命题附加真的属性没有为其思想增加任何东西。

由此,我们也可以看到,坚持"真"对一个句子而言是多余的,这在方法上正要求着冗余论者能够如其所声称的那样,在不影响语义的条件下去除在所有句子当中的"真"和"假"这两个谓词。上面,我们对"那是真的:凯撒被谋杀了"这句句子所做的也正是这么一种处理,事实证明"真"的去除并没有影响它的语义。

那是不是在所有情况下,我们都能去除"真"而不影响原句的语义呢?且让我们再来看一个例子:

他所说的都是真的。

对这个句子而言,谓词"真"还是否冗余呢?也就是说,我们如何去除这个"真"而不影响原来的意思?如我们以字母 p 代表一个命题的话,"p 是真的"可以还原成"p"而不影响语义,正如上例"那是真的:凯撒被谋杀了"或者说"'凯撒被谋杀了'是真的"所表明的那样。但是,在"他所说的都是真的"这句话里,"他所说的"却并不能简单地看做一个命题,而一如"p 是真的"就等于"p"那样来处理。这对于"真"的冗余论来说无疑是一个困难。尽管冗余论者对此有所回应,却往往是牵强的。

且让我们绕过这一困难,再来看:既然"p 是真的"就等于"p",那根据代入规则,"'p 是真的'是真的"也就等于"p 是真的";进一步再根据替换规则,我们便可以得到"'p 是真的'是真的"和"p 是真的"这两句话在语义上是相等的,但事实却似乎并没有那么简单。这又该如何来解释呢?这也是一个困难。其实,冗余论在语义层面上的困难还不止这些。从语义的角度来看,"真"的冗余论似乎遍体鳞伤。

在此,我们建议不妨从语用的层面来理解"真"的冗余论,这似乎是一条更为积极的策略。从根本上来看,冗余论者否认"真"或"假"是一种属性,所以也就从根本上取消了真值承担者及其所承担的那种属性。简而言之,"真"并不是一种属性,而是一种态度,是一种命题态度(propositional attitude)。我们说"那是真的:雪是白的"或者说"雪真的是白的",这仅仅表示了我们对"雪是白的"这一命题的肯定的态度。同样,我们说"那是假的:雪是黑的",这仅仅表示了我们对"雪是黑的"这一命题的否定态度。这两个例子对于表明"雪是白的"与"雪真的是白的"这两个句子之间在命题态度上的差异而言,也许还不够清楚,那就让我们再来看:

雪是白的吗?

雪真的是白的吗?

前一个句子表示疑问的态度,而后一个句子则表示反诘的命题态度,显然,这是两种完全不同的命题态度。由此可见,在语义的层面上,"真""假"或许是可有可无的,但是在语用的层面上,"真""假"的出现或不出现则关系到一个句子在命题态度上的微妙差异。

所以,站在冗余论的立场,我们便可以看到:"真"不在语义的层面上而在语用的层面上,"真"对一个句子的语义来说是多余的,但它在表示一个句子的命题态度时却是有用的,也就是说,它在语用的层面上是必要的。当我们把说一句话看做是完成一个行为的时候,这句话所表现的态度就是不可或缺的,因为,它直接地影响到我们以一句话所要完成的行为在质性(quality)上的差异。正如上例所显示的那样,通过"雪真的是白的吗?"我们所完成的是一个反诘的行为,而通过"雪是白的吗?"我们所完成的却仅仅是一个疑问的行为。这两种行为在质性上是不同的。这也就体现了"真"这个词在语用层面上的重要意义,也就是说,"真"这个词通过表示一种命题态度也就直接地影响到我们通过一句话所完成的行为是什么。

虽然我们在这里有借题发挥的嫌疑,但正是通过"真"的冗余论之对于"真"在语义层面上的"多余"的揭示,"真"在语用层面上的"有用"才得以呈现出来。冗余论说"真"这个谓词无非是出于强调或其他修辞学上的目的才被使用,也无非就是这个意思。我们说一句话是在完成一个行为,而对于这个行为来说,"真"这个词的出现或不出现在一定程度上便决定了这个行为的质性:这正是"真"的冗余论的深义所在。

第三节 紧缩论

冗余论是真之紧缩论的表现形式之一。真之紧缩论还有多种表达方式,包括消除引号论(disquotational theory)、行动论(performantive theory)和代语句论(prosentential theory)、极小主义论(minimalist theory)、消失论(disappearance theory)、无真论(no-truth theory),等等,通常各种理论相互间可以替换,其共同点是反对某命题为真在于该命题拥有这样那样的属性,如与事实符合、满足、一致、效用,等等(Beall, Jc. and B. Armour-Garb,2005)。

这些理论旨在缩小概念"真"被假定具有的重要性,无论使用何种术语,紧缩理论被认为共同相信真值谓词是为了表达的方便,而非一种需要深入分析的性质的名称。这里介绍其中有代表性的几种理论。

一、消除引号论

塔斯基自己认为真之语义论是符合论的一种,并不是紧缩论,但其 T 模式启发了奎因提出消除引号论(又译为"去引号论")。奎因接受塔斯基将语句处理为唯一的直值承担者,并将塔斯基的理论解释成紧缩论。他建议真谓词只能应用于个体语言中的语句。

消除引号论的基本原理是,将真应用于语句等于消除用于形成语句的引号的作用。它对塔斯基的 T 模式(或称:约定 T)略作修正,引入了真谓词,形成如下"消除引号模式":

DS:语句"S"是真的,当且仅当是 S。(Sentence "S" is true if and only if S.)

按这一观点,断定命题"'5 + 7 = 12'是真的"逻辑上等价于断定命题"5 + 7 = 12",而且短语"是真的"在这一语境和在其他语境中一样完全不必要。

紧缩论者能够解释真谓词在如下概括语境中的存在与作

用："张三相信李四所说的一切"和"张三相信李四所说的一切是真的",意思是相同的,"……是真的"这一短语可以消去。

但若要理解"张三相信李四所说的一切"中张三的信念的内容,需要形成如下一连串的无穷合取:

若李四说天是蓝的,则天是蓝的;若李四说天是黑的,则天是黑的……

根据消除引号模式(DS)可以将其改写为:

若李四说天是蓝的,则语句"天是蓝的"是真的;若李四说天是黑的,则语句"天是黑的"是真的……

由于 S 等价于"S"是真的,对于紧缩论者来说,上述无穷合取也是等价的。因此,我们可以形成如下概括:

对于任意语句"S",若李四说 S,则"S"是真的。

在紧缩论者看来,只要认识到真值谓词的形式特征和功用,我们所说的一切就是关于"真"我们能说的全部,也就是无论李四说什么都是真的,这多少显得有些不可理喻。实际上,该观点的主要理论关注点是试图消除由"真"概念的使用所引发的相关悖论,也即,悖论的产生似乎与"真"概念的奇特而令人感兴趣的性质密切相关[13]。

---

[13] 详见本书第五章第一节。

二、代语句论

真的代语句论是紧缩论的另一个版本,旨在进一步阐明拉姆赛的冗余论观点。最早的倡导者是格罗芙(Dorothy L. Grover)、坎普(Joseph L. Camp, Jr.)、贝尔纳普(Nuel D. Belnap, Jr.)等人,布兰登(Robert Brandom)一直为其辩护(Grover 1992)。

代语句论者认为存在一些代语句代表或得出它们所代替语句的意义。在如下陈述中:

王五累了,他很饿。

代词"他"指代名词"王五",类似地,在如下陈述中:

他解释他正处于财务困境中,并说这是实情,因此他需要帮助。

根据代语句论者的解释,从句"这是实情"指代前面出现的从句"他正处于财务困境中"。

代语句论者认为,包含"……是真的"的语句并未包含真谓词,而只是包含一些代语句的某种形式,真谓词自身是重复或代语句构造的一部分。当语句"这是真的"作为对"玻璃是绿色的"的回应时,它就成为一代语句,亦即一复述其他表达式内容的表达式。在他们看来,语法谓词"是真的"并没有在语义上或逻辑上起到谓词的作用。所有"是真的"的用法都是代语句式的用法。

某人断言,"下雪了"是真的,只是希望听者考虑语句"下雪了",并说"那是真的",而"那是真的"就是类似于代词的代语句。类似地,关于"真"的所有用法都可以还原为"那是真的"或"这是真的"代语句形式。

代语句论者指出代语与代语句经常成对出现,代词出于"懒惰"而得到经常应用,除了前述例子,还包括一些量化语境,如:

某人在光华楼里,他带着一本书。

以类似的方式,"这是真的"可以应用于某种"懒惰"的代语句,例如:

赵六相信,天是蓝的,并且这是真的。

还有量化的代语句形式,例如:

王五所相信的一切都是真的。

因此,代语句论者反对将真视为某种属性。

三、履行论

紧缩论的另一个变体是履行论,该理论由斯特劳森于20世纪50年代提出。与拉姆赛类似,他相信,并不存在独立的真之问题脱离于赋予语言中语句和语句以意义的语义内容(或世界事实)。一旦意义与指称问题得到解释,就不再会有真之问题。

然而,与拉姆赛不同的是,斯特劳森认为,表达式"……是真的"有一种重要作用,具体说来,它有一种类似于"我承诺打扫房间"的履行作用。断言 P 是真的,不仅断言 P,而且履行那种"言语行动"确认该语境中的陈述为真。试考虑,例如,当新娘在婚礼的适当时候说"我愿意",她在履行接受身边的男人为合法丈夫的行为。她并不是在描述自己接受他为合法丈夫。

因此,说"'雪是白的'是真的"即履行一种言语行为,发出同意雪是白的这一断定的信号(与点头表达赞同十分相似)。

以同样方式,斯特劳森认为:"说一个陈述为真,并不是就该陈述作一个陈述,而是履行了同意、接受或赞成该陈述的行为。当一个人说'正在下雨,这是真的',他断定的只是'正在下雨'。而陈述'……,这是真的'的功能是同意、接受或赞成陈述'正在下雨'。"(Strawson, 1950b)

在斯特劳森看来,塔斯基的语义性真理论基本上是错误的,将真附加于一命题之上,只是表达说者的某种意图。说者通过对该命题的赞同、确认、赞赏、接受、认可,是接纳该命题的许可。关键在于,称"P 是真的",只是"我赞扬 P"或"我确认 P"的伪装形式。实际上,某些陈述履行超出言语交流以外行为的思想,并不像表面看上去那么古怪。

类似地,霍维奇(Paul Horwich)所主张的真之极小论(minimalism)认为,真确实是命题(或语句)的某种属性,但该属性如此微小(minimal)且不协调(anomalous),不能说它为我们提供了有关真之本质的有用信息。它根本只不过是一种元语言属性(Horwich2001)。

另一种构成极小论者观点的方式是断言所有如下模式例示的合取：

命题 P 是真的，当且仅当 P 提供了真之属性的隐定义。

每个这样的例示都是该理论的公理，这样的例示为数无穷。我们关于真的概念只不过是当我们碰到上述模式的例示时对它表示赞同的态度。

总之，真的实用论把真看做逼近的、可错的，大大相违于逻辑传统中对真的必然性与可靠性的向往，也达不到逻辑上的形式化精确与严格的要求。

而紧缩论者的思想从语用着眼，把真看成冗余的、行动的伪装或代语句等，实际上回避了真是什么的问题，毕竟"真"在逻辑语义系统中有着无可替代的作用。

第五章
"真"之公理论

为真理而斗争是人生最大的乐趣。

——布鲁诺(Giordano Bruno)

真通常借助符合、融贯或其他概念来定义。然而,真的定义能否导致一种哲学上令人满意的真理论,这点还远不清楚。而紧缩论者把真撇开一边,贬抑了真的重要性,也远不那么令人满意。

在真之融贯论者看来,真代表一个一致的信念集合,也即,某命题的真来自它与另外一些命题的关系。"真"的公理化理论认为,"真"可以被处理为一种不加定义的初始概念,同时建立相应的公理化系统。这是当代"真"理论的最新思路,一直受到学界关注。

第一节 融贯论

一、真的检验标准

逻辑原子论或者说逻辑实证主义直接把真的定义用作真的标准,这虽然在原则上是可行的,但实际上却难以实现。因为真的定义能提供真的保证性标准,却无法切合实际地引导出真的核实性标准。正是出于这种在真的检验上所面临的困境,在逻辑实证主义内部便出现了由真的符合论向融贯论的转向。

起初,逻辑实证主义赞成真的符合论,但是出于实际操作的需要,他们便希望有一种切合实际的真的检验标准,也即核实性标准,以判定一个语句或者说命题是否符合事实。在卡尔纳普(Paul Rudolf Carnap)和石里克(Moritz Schlick)那里,这一问题被分成了两部分。他们认为,对于直接报道感觉经验的陈述(相当于原子命题),我们可以直接通过确定它们是否与事实相符合来检验其真假;而对于其他陈述(相当于分子命题),我们就可以依据它们与前一类感觉陈述之间的逻辑关系来检验其真假。也就是说,除了感觉陈述之外,其他所有陈述的真假都来自它们与感觉陈述之间的关系,这已表现出了某种向融贯论转进的趋势。

二、真的就是整全的

总的来说,融贯论主张真就在于判断之间、信念之间、命题之间的融贯性。从逻辑哲学的角度来看,在一个理论中,一个命题如果与其他命题相融贯,那么这个命题就是真的。融贯论在其古典型态中与唯理论尤其是与黑格尔的哲学密切相关。黑格尔就曾说过:"真的就是整全的。"(Hegel, G. W. F. 1807,9)不过,在黑格尔及其英国的传人布拉德雷(Francis Herbert Bradley)那里,真的融贯论与整体主义的形而上学之间的关系也正如真的符合论与逻辑原子论之间的关系一样。正是基于这么一种整体主义的形而上学,他们才主张真的就是融贯的。

在布拉德雷看来,实在本质上是一个统一的、融贯的整体。而与之相应的"真"也就是"宇宙的一种理想表达,它同时是融贯和无所不包的。……简言之,完美的真必须是系统整体的观念的实现"。他所谓的融贯也就是指"真必须不与自身相冲突"(陈嘉映2003,61)。然而,与黑格尔不同的是,黑格尔认为整全的真是可以达到的,而布拉德雷则认为我们所能达到的仅仅是部分的真。整全的真也就是我们所追求的无所不包的、完全一致的信念集合,部分的真永远都只能是整全的真的一个片断。所以,部分的真永远都只能是不完全的真。也就是说,整全的真是我们所追求的终极目标,而在现实中的真都是不完全的真。任何判断、任何信念乃至任何命题所具有的真充其量都不过是片面的。另一方面,根据这种真的融贯论,我们对一个命题的真假的检验也就是对这个命题是否与其他命题相融贯的检验,而这种检验之所以能获得成功,正因为实在在本质上就是融贯的。这也就是黑格尔主义者所说的真的融贯论。

这种融贯论是以一种整体主义形而上学为依托,那是否离开了这种整体主义的形而上学,真的融贯论便无法立足呢?实则不然,真的融贯论,即:真就在于融贯,检验一命题的真也就是要检验它是否与其他命题相融贯,这一理论即使脱离了上述形而上学的前提,也依然是可以成立的。正如我们在上面所提到的逻辑实证主义从真的符合论向融贯论的转变所表明的那样,真的融贯论完全可以被限制在真的检验标准这一问题之下而得到新的诠释。

三、信念的最大一致子集

融贯论可分为大陆理性主义哲学家的思想,特别是斯宾诺莎(Baruch de Spinoza)、莱布尼兹和黑格尔的思想与英国哲学家布拉德雷的思想。在一些逻辑实证主义支持者中,最著名的有纽拉特(Otto Neurath)和亨佩尔,融贯论获得复兴。

为解决在真的检验上所面临的前述困境,逻辑实证主义在真的符合论基础上形成了融贯论。卡尔纳普和石里克认为，对于直接报道感觉经验的陈述（相当于原子命题），我们可以直接通过确定它们是否与事实相符合来检验其真假；而对于其他陈述（相当于分子命题），我们就可以依据它们与前一类感觉陈述之间的逻辑关系来检验其真假。

纽拉特对直接记录感觉经验的语句的不可矫正性产生了怀疑，也就是说，对于直接检验一个"记录句"是否与事实相符合的方法产生了怀疑。他主张，真的唯一检验就在于信念自身内部的关系的组合。我们追求知识，就需要不断地调整信念，从而获得一个尽可能广博的信念集合，只要这个集合是一致的，那么它就是真的。所以，真就在于这么一种作为整体的自恰的信念体系内部的一致性（苏珊·哈克2003，116—117）。这无疑是一种地地道道的融贯论。

融贯论主张真就在于判断之间、信念之间、命题之间的融贯性。从逻辑哲学的角度来看，在一个理论中，一个命题如果与其他命题相融贯，那么这个命题就是真的。在真之融贯论者看来，真代表一个一致的信念集合，亦即，某命题的真来自它与另外一些命题的关系。

因此，由符合论给出真的定义，再由融贯论给出真的标准，莱谢尔认为，正是借助于融贯性，为检验一个命题或信念的真提供了切合实际的标准。在莱谢尔看来，现实未必是融贯的，我们可以从不融贯和可能不一致的资料，亦即"真"的候选者中挑选出一个有特权的集合、有根据的信念，也就是那些人们有根据以为真的信念,从而获得一个信念集合的"最大一致子集"。

对于这一信念集合(S)的最大一致子集(S'),莱谢尔是这样来定义的:如果S'是S的一个非空子集,并且S'是一致的,不是S'的元素的S的其他任何元素没有一个能够加入S'这个集合而不产生矛盾,那么S'就是S的一个最大一致子集(苏珊·哈克 2003,118)。在此,我们通过融贯性的检验所获得的信念的最大一致子集也就是一个真信念的最大一致集合。同样地,我们也能够通过这一程序来获得一个真命题的最大一致集合。

在这里,融贯性也就是一致性,从反面来说也就是无矛盾性。可见,莱谢尔在此所坚持的是一种弱的融贯论。而强的融贯论则主张没有一个真命题会落在真的系统之外。因此,莱谢尔所坚持的融贯性只是一种检验一个命题的真假的核实性标准。这一点与上文所提到的卡尔纳普和石里克的观点是非常相似的。也正是这么一种融贯论便与真的符合论有机地结合在了一起。这一方面既克服了符合论在真的检验问题上所面临的困境,另一方面也抛弃了此前的融贯论所要求的整体主义的本体论承诺。

进而言之,一个命题的真就在于它与事实的符合,而在现实中检验一个命题的真,也就是要检验它是否与其他命题相融贯,前者是符合论所给出的真的定义,后者是融贯论所给出的真的标准(核实性标准)。符合论与融贯论如此并行不悖地结合在一起,便对于"真"理论的两个首要问题,亦即"什么是真"和"如何检验真"这两个问题的合理解答给出了一个初步的方案。

一般而言,融贯论认为真理是整个信念或命题系统内各部分的一致。尽管如此,通常融贯意味着某些超出简单逻辑一致性的东西。例如,概念基本集合的完全性和广泛性是判断融贯系统效用和有效性的关键因素。融贯论贯彻的原则是以下观念:真理根本上是整个命题系统的性质,个别命题只因与整体相融贯而衍生地被赋予真理的性质。在通常被视为融贯论的各类观点中,理论家们在究竟是融贯论带来许多可能为真的思想体系还是只有一个绝对体系是真的问题上并不一致。

一些融贯论的变体被认为描述了逻辑和数学形式系统的内在本质特征。而进行形式推理的人乐于思索并列的、在公理方面独立而又相互矛盾的系统,例如各种可供选择的几何学。大体上,融贯论被批评为在将它应用于真理的其他领域时缺少适当的理由,特别是涉及大部分关于自然世界、经验材料的断定以及关于心理和社会实际事件的断定,尤其当融贯论没有其他主要真理理论辅助的情况时。

第二节 真的不可定义性

一、弗雷格：真概念无法在符合论的意义上被定义

弗雷格认为"真"概念很可能无法被定义，他认为"真"概念的符合论定义不能揭示"真"概念本质。按照弗雷格对于符合论的理解，"真"的定义会陷入无穷的倒退（任书建 2012）。

> 作为仅仅被考虑为可见的、可触摸的图画的确是真的么？并且一块石头、一片树叶不是真的么？显然，除非涉及一种意图，我们不能称一幅图画是真的。一幅图片可以有一种意图描述一些事物。……这样可能被认为，真在于一幅图画与它描述的东西的一致。现在一致性是一种关系。然而这就违背了语词"真"的用法，"真"不是关系词，不包含别的迹象显示出某种东西与它一致。如果我不知道一幅画意在描述科隆大教堂，那么我就不知道这幅画与什么比较才能决定它的真。进一步讲，一致性只有在一致的事物之间重合并且恰好是相同的东西时才能是完全的一致性。（Frege, G. 1984, 353）

弗雷格认为，当"真"的讨论范围局限在事物之间的关系时，就必然面临着一种难以克服的问题，那就是：如果"真"概

念是通过两事物之间的一致关系确立的,那么,在"真"概念未定义之前,一致"关系"已经预先包含着"真"概念外延意义的假定,换言之,定义"真"概念之前首先还需要定义这种一致关系是否属于"真"概念的表现,假如这种一致关系不是真的,那就根本无法定义"真"概念;而即使它是真的,它也仅仅是在"真"概念的外延范围内,也并不能揭示"真"概念的内涵。按照弗雷格的说法,一事物与另一事物的符合要么重合要么相反,重合意味着同义反复,相对而言,不完全符合或者不符合又不能对于"真"概念做出精确的规定。总而言之,弗雷格对符合论要说明的是,如果把"真"概念作为被定义项,那么任何一次对"真"概念的谓述本身是否为真就需要进一步考察,由此得出,"真"概念无法在符合论的意义上得到定义。

二、达米特对弗雷格的批评

弗雷格的论证遭到了M·达米特的批评。M·达米特认为弗雷格的论证思路存在问题,论证过程本身类似于诡辩,他认为按照弗雷格的论证过程同样可以认为"真"概念本身就没有探讨的意义,应该取消。

弗雷格之所以论证"真"概念不可定义是因为定义"真"会造成"无限后退",从而"真"不可定义。换言之,如果出现"无限后退"现象,那么"真"概念是不可定义的,"无限后退"是真之不可定义性的充分非必要条件。如果这样,达米特认为"无限后退"同样能说明"真"可以被定义,因为"无限后退"并不意味着"循环定义"。

> 假设我想知道是否哥德巴赫猜想是真的,这时我就必须考察"哥德巴赫猜想是真的"这句话的真,当考察过这句陈述之后,紧接着我需要考察这个"关于'哥德巴赫猜想是真'的陈述"的陈述是真的,如此无限往复下去,循环的可能性与"真"概念是否能被定义是没有任何关系的。(Dummett,M. 1981a,443)

达米特的论证结构简要如下:
句子 A:哥德巴赫猜想是真的。
A 代表的事实:哥德巴赫猜想是真的。
句子 A_1:句子 A 的陈述是真的。
句子 A_2:句子 A_1 的陈述是真的。
句子 A_3:句子 A_2 的陈述是真的。
……
句子 A_n:句子 A_{n-1} 的陈述是真的。

达米特的论证表明,一方面可以说,"无限后退"造成"真"概念的不可定义性;但是另一方面也可以说,之所以出现"无限后退",正是在于"真"概念已经被预先定义。否则,任何的"后退"都是对"真"概念的误解。因为达米特认为,"无限后退"并不等同于"循环定义",因为前者是良性的,后者却相反;后者指"为了证明序列中任一陈述的真必须首先决定序列中接下来的陈述的真",但是前者是"序列中每一陈述的真是同时给定的"(Dummett, M. 1981a,443)。也就是说,"真"概念在每一陈述中的涵义都是相同的。

此外,达米特还认为,弗雷格认为我们会在证明一事实,如"哥德巴赫猜想是真的"后,会进一步证明"关于'哥德巴赫猜想'是真的"这一陈述的真假。而事实上,这种思路本身是成问题的。

达米特对弗雷格论证"真"概念不可定义性的批评十分有力,因为弗雷格显然忽视了一个问题,那就是如他自己所声称的那样:我们不可能在认识到某东西的特性的同时而不发现这种东西具有这种特性是真的(Frege, G. 1984,354)。弗雷格试图通过对真之符合论的批评来说明"真"概念之不可定义性,但是这样的论据却并不能支持他的论题的合理性。

三、为弗雷格的辩护

但是,我们认为达米特的反驳只是揭示了弗雷格所持论据不足以支持他的论点,却并未进一步揭示弗雷格认为"真"概念不可定义性的深层依据。那么,弗雷格对"真"概念"不可定义的"的规定对弗雷格逻辑思想具有怎样的意义呢?

我们认为,弗雷格"真"之不可定义性主要是从概念的内涵角度考虑的,也就是弗雷格认为对"真"概念的定义不能从关系项之间的外在关系得到确定。而"真"符合论恰恰在于"定义项"与"被定义项"的特性是以各自相关项的特性决定的,这也就意味着任何对于"真"概念的定义,可能都是基于概念外延(extention of concept)意义上的规定。达米特也注意到这一点,他说道:

> 弗雷格的论证因此也没有说明真是不可定义的;但是他却对任何可以接受的真之定义设置了限制。这些限制需要被小心说明。(Dummett, M. 1981a, 443)

其实,弗雷格之所以强调"真"概念是不可定义的,最主要的原因就是他意识到了"真"概念的本质特征,"真"概念是逻辑的核心概念,任何逻辑概念的构建都无法摆脱与"真"概念的关系,其中就包括"定义"这样的概念。换言之,"真"概念不可以被定义就意味着"真"概念的内涵不能被描述,只能被"呈现"。如同"定义"作为概念不能被定义一样,"真"概念也不能被已经是"真的东西"在内涵意义上加以规定。

塔斯基关于"真"不能在自然语言中得到精确定义的思想,结合弗雷格关于"真"作为逻辑核心概念而不可定义性的思想,启发并推动了新近关于"真"的公理化研究进路。

第三节 真的公理化进路

一、真与说谎者悖论

自 1975 年以来,经由克里普克、霍维奇、古普塔(Anil K. Gupta)、贝尔纳普、赫兹伯格(H. Herzberger)、菲尔德(Hartry Field)等人的著作,真理论成为哲学中的一个分支,该理论的相关研究一直在稳步推进(邵强进 2013)。2000 年以后,新一代研究者开始崭露头角,其中,贺柏和[14]教授表现突出,是当前该领域的代表人物。一方面,贺柏和教授深谙证明论,包括真概念的证明论方法研究,在逻辑技术上特别强大;另一方面,他有很强的哲学分析手段,使他在结合逻辑与哲学方面拥有一种独特的能力,把当代数理逻辑的成果广泛而深入地应用于有关真的哲学问题。由此,他也成为有关内涵性谓词和算子(例如,必然、知道,等等)逻辑与哲学研究的重要专家。其新著《真之公理化理论》(Halbach,V. 2011)在学界已经产生较大影响。

---

[14] 贺柏和教授,生于 1965 年,德国人,现任教于英国牛津大学,为牛津大学哲学教授、新学院(New College)CUF 讲师、研究员和导师,德国慕尼黑路德维希-马克西米利安大学哲学博士,专业研究领域为逻辑学、数学哲学、认识论等,2012 年 5 月他曾应本书作者邀请到复旦大学讲学,并就这一主题进行了充分的讨论。

"悖论"问题是当今逻辑学、逻辑哲学等领域的核心问题。与真相关的说谎者悖论等语义悖论历史悠久,处理它们需要非常小心。现代西方哲学高度分化,有些哲学家想简单地置身悖论之外,把困扰留给逻辑学家。但实际上,逻辑与悖论问题与哲学理论是紧密交织的,说谎者悖论及其相关悖论对哲学各部分都产生着广泛的影响。

面对经典的说谎者悖论这类语义悖论,不论其采取何种形式,悖论专家的解决办法是关注于真谓词,明确真谓词中的假设。另一些学者则怀疑问题不在于真谓词,而在于原句式的奇异特征。贺柏和教授进一步分析自我指涉问题与模态谓词的内在关联,探讨悖论问题解决的可能思路。

一个句子"ϕ"是真的,当且仅当 ϕ。

这是塔斯基的公理模式,它对于一个极小的真理论来说是直接而最自然的要求,通常被称为塔斯基-双条件式(Tarski-biconditional,简作 TB)。TB 包含一种去引号的直觉:若你真心打算假设性地或非假设性地断言某个句子 ϕ,最好也要准备断言 ϕ 是真的。

但若考虑说谎者句子 L,它自称为假。那个"质朴的"公理模式告诉我们,L 是真的,当且仅当 L。但 L 当且仅当 L 不是真的——因为这是 L 的自称。因此,L 是真的,当且仅当 L 不是真的。从而我们陷入了不一致。这一论证被称为说谎者悖论(liar paradox)。类似的悖论还涉及知道、必然性、过去与将来等内涵性概念,在一定意义上,它们可被视为说谎者悖论的变种。矛盾会像疾病传播那样四处感染,这将危及整个逻辑事业。因此,必须正视悖论并给予回应。

有些哲学家认为,是真的不属于句子,而是属于命题,即句子 P 所反映的命题是真的,而句子 P 本身不是真的[15]。但悖论仍然存在,试考虑:

(P) 被 P 所标记的句子并不表达一个真命题。

不难发现,哪怕坚信只有命题才能是真的,矛盾仍然会产生。

有人认为,悖论在于"真"概念的不清晰。自柏拉图以降,"真"一直是一个哲学上的关键概念。哲学家需要"真"这个词,不仅因为"真"本身存在于哲学之中,而且哲学的很多领域都涉及"真"。实际上,认识论、存在论、伦理学的研究都离不开"真"。而逻辑学中的"真"概念与其他领域不一样。

不论逻辑学中的"真"概念应该是怎样的,"真"本身不能因产生悖论而受到指摘,因为没有"真"也能产生悖论。例如,蒙塔古(Richard Montague)悖论,也叫必然性悖论(Montague, R. 1963)。我们把说谎者悖论句子中的"真的"代之以"必然的":

(M) M 不是必然的。

上述一行是"标记为 M 的句子不是必然的"的简写,换用

---

[15] 与此相关的是大量有关真值承担者的讨论。

命题的必然性表达,可以说"由 M 所表达的那个命题不是必然的"。

继而我们可作如下推理:

若 M 是必然的,则 M 是必然的。

但因为 M 就是句子"M 不是必然的",我们也得到:

若 M 是必然的,则"M 不是必然的"是必然的。

接下来应用"若'A'是必然的,则 A"这一一般原则,我们得到:

若 M 是必然的,则 M 不是必然的。

因此,我们已经确立 M:

M 不是必然的。

从而我们得出结论"M 不是必然的"是必然的,因而

M 是必然的。

这与此前矛盾。

因此,必然性概念同样也受到不一致性的威胁。

还有人认为,需要对是真的、是必然的用法进行限制。我们不能假定包含"真"的句子是真的或假的,也不能假定包含"必然"的句子是否是必然的。尽管这一限制很强,能阻断说谎者悖论和蒙塔古悖论,但却不能安全地阻断一切悖论。

为此,贺柏和教授在2006年构造了一个悖论,其中真不被应用于包含"真"的句子,必然也不应用于包含"必然"的句子,结果矛盾仍然会产生(Halbach, V. 2006c)。

他设计了一个句子 N：

(N)　♡是必然的。

句子♡用以下方式来定义：

(♡)　N 不是真的。

由此,我们有如下论证：

(1) 若 N 是真的,则 N 是真的。

(2) 若♡是必然的,则 N 是真的。(来自 1 和 N 的定义。)

(3) 若"N 不是真的"是必然的,则 N 不是真的。("若'A'是必然的,则 A"这一原则的应用。)

(4) 若♡是必然的,N 不是真的。("N 不是真的"被定义为♡。)

(5) ♡不是必然的。(来自第(2)步和第(4)步)

(6) N 不是真的。(这是因为 N 说♡是必然的。)

(7) ♡是必然的。(前面我们已经说 N 不能为真,所以♡是必然的。)

第(5)和第(7)相互矛盾,但论证中没有一行把"是必然的"应用于包含"必然的"一词的句子,也没有把"是真的"应用于任何包含"真"的句子。

人们又发现,说谎者悖论句子指向自身,是否悖论与自指(self-reference)相关？即,悖论的产生源自我们使用语言的方式,即我们对那些指称自己的表达式的使用。首先,在现实生

活中,很多自指没有任何问题,例如:

(*)这句话中有九个汉字。

如果说谎者句子由于自指而成为非法,则(*)句也应当非法。

当然,人们可能怀疑自指最终是不融贯的。尽管尚不清楚这种观点与真的质朴理论是否冲突,但是哥德尔已经表明,自我指涉是融贯的。他创造了一种数学上精确的方法,使得在一种表达力丰富的语言中,借助编码句子能谈论其自身。塔斯基也表明,在这样一种自指的语言中,说谎者悖论的论证能够形成。

哲学需要"真",我们也不能通过禁用"自指"来阻断悖论,因此,我们的逻辑理论需要进一步发展。有些人想到改变现有的逻辑,称经典逻辑不正确,例如,发展弗协调逻辑(paraconsistent logic)以包容矛盾性的句子;也有人在拒斥矛盾的同时,拒斥"句子†或者是真的,或者不是真的",甚至拒斥"若†是真的,则†是真的"(Horsten 2011)。最近不少人在想新办法,力求在避免悖论的同时,不拒斥以上句子(Field H. 2008)。

贺柏和不想写很多哲学著作,他想到的是公理化的进路。尽管对于"是真的"这一表达有各种各样的研究方式,但贺柏和等人在公理化进路中,将集中关注真被看成是一个由特定公理和规则所支配的初始谓词。说谎者悖论与其他悖论要求非常小心地去构建这些公理与规则。尽管关于真概念要构造一个令人满意的公理列表是一项很困难的任务,但这是一项重要的任务。

二、贺柏和真之公理化进路

在贺柏和教授看来,通常哲学逻辑被认为主要关注于内涵逻辑,也即模态逻辑及其延伸,如道义逻辑或认知逻辑等,这部分的哲学逻辑直接建立在命题逻辑与谓词逻辑的基础上,无需直接考察数学逻辑的任何部分。但哲学逻辑还有另一个领域,当哲学逻辑家研究真与悖论问题时,通常应用哥德尔在算术中应用的编码句法,这需要不少数理逻辑的相关技术。

哥德尔不完全性定理是对形式化方法的一个根本回应,已经有大量关于哥德尔定理的简洁证明,贺柏和通过对码数法复杂性的分析,应用一种公理化句法对形式系统的不完全性进行说明,指出了哥德尔的主要动机:他希望显示出数学理论不完全,并且不能证明某些真论题,最终用一种句法理论来替换通行的算术理论,并揭示出形式不完全性的哲学意义。

在悖论问题上,贺柏和教授试图证明,导致悖论的并不是自指,而是"是真的""是必然的"这样一些谓词。以此为基础,他试图提供一种解决悖论的全新方法。基本上,他的方法分为两步:首先讨论不包含"是真的"这一类导致悖论的词项的语句的真,这时他基本上是在塔斯基对象语言与元语言区分的基础上进行工作;其次,讨论包含"是真的"这一类导致悖论的词项的语句的真。为了解决(或者避免)悖论,贺柏和教授构建了一种形式语言,并采取了真之研究的公理化进路,即不试图去定义"真"或"是真的",而表明真语句的全部外延。

真通常借助符合、融贯或其他概念来定义。然而,真的定义能否导致一种哲学上令人满意的真理论,这点还远不清楚。塔斯基关于真谓词不可定义性的定理表明:对这一谓词的定义所需要的资源已经超出了真在其中进行定义的形式语言(所拥有的)(Halbach, V. 2006b)。与之相比,公理化进路并不预设真可被定义。相反,形式语言通过一个关于真的新初始谓词得到扩充,而且关于该谓词的公理接着也被确定下来。可以进一步研究,满足那些公理的初始谓词是否能够借助定义引入,但公理化进路并不预设可定义性(Halbach, V. 2006a)。

在塔斯基于1935年所构想的语义性真理论中,真谓词是为所谓的对象语言作定义的。该定义在元语言或元理论中给出,后者被典型地看做包括集合论或至少另一个强的理论,或表达力上丰富的解释语言(Tarski A. 1935)。塔斯基关于真谓词不可定义性的定理表明,给定某些一般假设后,元语言或元理论的资源必须超越对象语言的资源。因此,语义学进路通常必然使用比对象语言更为强大、并为对象语言提供语义的元语言。

与此对照,公理化的真理论可以在非常弱的逻辑框架中给出。这些框架只需要很少的资源,尤其是无需一个强的元语言与元理论。此外,公理化真理论的形式工作已经有助于说明语义性真理论。例如,对于一个元语言要足以定义真谓词所需要的东西,它已经给出的信息。反过来,语义性真理论为我们提供了研究公理化真理论的模型所需要的理论工具。因此,对真的公理化进路与语义进路是紧密交织的。

在大多数公理化理论进路中,真被认为是对象的谓词。关于真所应用的对象范畴有广泛的哲学讨论:命题被认为是独立于任何语言的对象,语句与言说的类型与殊相、思想,还有很多其他对象得到倡议。由于视为类型的语句结构相对明晰,类型句经常被用作能为真的对象。在许多情况下,没有必要做出非常具体的形而上学承诺,因为仅需要对这些对象的结构做出某种谦虚的假定,这独立于它们最终是否被视为句法对象、命题或其他某些东西。描述真可归之于对象属性的理论被称为基础理论。对该基础理论的刻画并不包含真谓词或任何具体的真理论假定。基础理论能够描述语句、命题,以及类似东西的结构,所以像"否定"这样的概念可以用于构建真理论公理。

在形式语境下,真通常被当作一个应用于语句的哥德尔数的谓词。已经证明皮亚诺算术(Peano arithmetic,简作 PA)是真之应用对象的通用理论,主要因为向皮亚诺算术增加真理论公理会产生有趣的系统,也因为皮亚诺算术等价于诸多直接的句法理论,甚至是命题理论。

当然,我们也能把真理论公理增加到像集合论那样强得多的理论,并研究其理论结果。通常无法证明集合论另加真理论公理的一致性,因为若没有超出集合论的假定,无法建立集合论自身的一致性。在许多情况下,甚至不能建立相对的一致性证明。然而,若向 PA 增加某些真理论公理产生某个一致的理论,则向集合论增加类似的公理不会导致不一致,这似乎至少是合理的。因此,希望在于针对 PA 的真理论研究提出某种假设,即当我们用真谓词的公理扩展更强的理论时会发生什么。

三、不同的真之公理化系统

基于用公理化方法处理"真"概念的思路,曾经有过各种不同的公理系统。贺柏和教授把它们分为两类:一类是真之类型理论,其中,真谓词只能应用于不包含真谓词的句子;另一类是真之类型-自由理论,在这些理论中,对真谓词的用法不做限制[16]。

---

[16] 参见 Halbach, V. (2011),该书第二部分和第三部分分别讨论了这两类理论。

1. 真之类型理论

在真之类型理论中，只考虑那些允许人们去证明不包含真谓词的句子之真理的公理。

塔斯基本人也曾尝试用公理化方法处理真概念，但最终没有继续下去。可以把塔斯基关于真之定义的归纳条款转为公理，并对此展开研究。

为得到也能证明像排中律那样全称量化的真理论，人们可以把塔斯基关于真之定义的归纳从句子转为公理。在以下公理中，$AtomSent_{PA}(\ulcorner A \urcorner)$ 表示 A 是算术语言中的原子语句，$Sent_{PA}(\ulcorner A \urcorner)$ 表示 A 是算术语言中的语句（贺柏和 2014）。

公理 1　$\forall A(AtomSent_{PA}(A) \rightarrow (TA \leftrightarrow Tr_0(A)))$。

公理 2　$\forall A(Sent_{PA}(A) \rightarrow (T\ulcorner \neg A \urcorner \leftrightarrow \neg TA))$。

公理 3　$\forall A \forall B(Sent_{PA}(A) \land Sent_{PA}(B) \rightarrow (T\ulcorner A \land B \urcorner \leftrightarrow (TA \land TB)))$。

公理 4　$\forall A \forall B(Sent_{PA}(A) \land Sent_{PA}(B) \rightarrow (T\ulcorner A \lor B \urcorner \leftrightarrow (TA \lor TB)))$。

公理 5　$\forall A(v)(Sent_{PA}(A(0)) \rightarrow (T\ulcorner \forall v A(v) \urcorner \leftrightarrow \forall x T\ulcorner A(\underline{x}) \urcorner))$。

公理 6　$\forall A(v)(Sent_{PA}(A(0)) \rightarrow (T\ulcorner \exists v A(v) \urcorner \leftrightarrow \exists x T\ulcorner A(\underline{x}) \urcorner))$。

公理 1 是说，皮亚诺算术语言中的某个原子语句是真的，当且仅当它根据该语言的算术真谓词是真的（公式 $Tr_0(x)$ 表

达 x 是真的算术语言原子句)。公理 2—公理 6 宣称真对于所有联结词和量词可交换。公理 5 是说,算术语言的某个全称量化语句是真的,当且仅当其所有配数例示是真的。方括号中变元的下划线表示它从外部受约束。说得更准确些,$[A(\underline{x})]$ 代表用 x 代替 $A(v)$ 中的 v 所得到的结果,$Sent_{PA}(A(0))$ 是说 $A(v)$ 是一公式,其中最多 v 是自由的(因为用常元 0 代入 v 之后,$A(v)$ 变成一个句子)。

通过所有 PA 的公理以及公理 1—公理 6 所给定的理论,人们熟知为 PA + "有一个全满足类",它没有任何包含真谓词的归纳公理。

包含多于一个真谓词的真理类型论原则上未排除悖论性语句。例如,某个语言可能有两个谓词 T_1 和 T_2,其中 T_n 仅可应用于不包含 T_n($n=1$ 和 $n=2$)的语句。但这一限制没有排除 T_1 可应用于包含 T_2 的语句,反之亦然。因此循环与悖论并非排除。若上述谓词之一未被解释为真谓词,而是被解释为代表必然性或类似的某个谓词,这种情形可能更为有趣。人们对于悖论源于两个谓词的相互作用这一点知之甚少。

2. 真的类型-自由理论

在自然语言中的真谓词没有任何类型限制。因此真的类型化理论(公理化以及语义理论)一直被认为不适合分析自然语言的真谓词。这是研究真的类型-自由理论,亦即允许人们证明包含真谓词的句子之真理的真理系统的一个动机。有些真的类型-自由的理论比以上各节中考察过的类型化理论(至少只要避免带索引的真谓词)拥有更高的表达力,因此,在对其他理论(例如,二阶理论)进行还原时,真的类型-自由理论是更为强大的工具。

在这些公理系统中,最为知名的是弗里德曼-谢尔德系统(Friedman-Sheard system,简作FS)、克里普克-费弗曼系统(Kripke-Feferman system,简作 KF)和范弗拉森系统(Van Fraassen system,简作VF)。

放弃全称题词对算术语句的限制可以获得一个对 T(PA)明显的加强。根据其形成的公理,真谓词可和所有联结词与量词进行交换,甚至还有含真谓词的公式。更准确地可以获得如下公理(贺柏和2014):

公理1　$\forall A(AtomSent_{PA}(A) \rightarrow (TA \leftrightarrow Tr_0(A)))$。

公理2　$\forall A(T[\neg A] \leftrightarrow \neg TA)$。

公理3　$\forall A \forall B(T[A \wedge B] \leftrightarrow (TA \wedge TB))$。

公理4　$\forall A \forall B(T[A \vee B] \leftrightarrow (TA \vee TB))$。

公理5　$\forall A(v)(Sent(A(0)) \rightarrow (T[\forall vA(v)] \leftrightarrow \forall xT[A(\underline{x})])$。

公理6　$\forall A(v)(Sent(A(0)) \rightarrow (T[\exists vA(v)] \leftrightarrow \exists xT[A(\underline{x})]))$。

$Sent(A(0))$是说$A(v)$是一个公式,最多其变元v是自由的。根据约定,像$\forall A$这样的量词辖域包括L_T语言中带有真谓词的语句。然而,对于包含真谓词的原子语句,这些公理没有说到任何有关它们的真。唯一涉及原子语句的真的公理是上述公理1。为包含 T 的原子语句所设的下述公理似乎符合其他公理:

$\forall A(T\ulcorner TA\urcorner \leftrightarrow TA)$。

但该公理与公理1—公理6和PA并不一致。反而能够一致地增加相应于该不一致公理的规则:

若 ϕ 是一个定理,则可以推出 $T\ulcorner \phi \urcorner$;反过来,若 $T\ulcorner \phi \urcorner$ 是一个定理,则可推出 ϕ。

由公理1—公理6和这一对生规则所生成的系统被称为FS。弗里德曼(Harvey Friedmann)和谢尔德(Michael Sheard)在一种稍有不同的公理化之下研究FS并证明了其一致性。根据麦吉(Vann McGee)的结论得到FS是ω-不一致的,即,FS可证 $\exists x \neg \phi(x)$,但也可证,对于 L_T 中的 $\phi(x)$,$\phi(0)$,$\phi(1)$,$\phi(2)$,……。然而,FS的算术定理完全正确。贺柏和(Halbach,V. 1994)认定其证明-理论力度相当于在一切有穷层次上的经修正分析的理论或在一切有穷层次上的经修正的真理论。若放弃该规则的一半而保留另一半,FS仍然保持其证明-理论力度。

弗里德曼-谢尔德系统是彻底经典的,这是它的一项优点:它在经典逻辑中形成,若一语句在FS中可证为真,则该语句自身在FS中可证;反过来,若一语句可证,则它也可证为真。其不足在于它的 ω-不一致性。FS 可以被视为在一切有穷层次上对修正规则的语义学的一种公理化。

克里普克-费弗曼系统自身在经典逻辑中被刻画,但它描述真的部分概念。例如,人们可以证明 $\neg T\ulcorner L\urcorner \wedge \neg T\ulcorner \neg L\urcorner$,若 L 是说谎者悖论语句,即,一个形如 $L \leftrightarrow \neg T\ulcorner L\urcorner$ 的句子。这样 KF 证明说谎者悖论语句及其否定都不为真。$\neg T\ulcorner L \vee \neg L\urcorner$ 也是 KF 的一个定理,这揭示了公理化的真概念的部分特性。特别地,所有语句 ϕ 的集合,其中 ϕ 的 T 语句 $T\ulcorner \phi \urcorner$ 在 KF 中可证,并不封闭于经典逻辑之下,而是封闭在部分逻辑之下,尽管 KF 自身在经典逻辑中被刻画。

范弗拉森系统由坎提尼(Andrea Cantini)于 1990 年受超赋值图式启发而提出(Cantini, A. 1990)。在 VF 中,所有经典重言式可证为真,且是 VF 的一个定理。根据 FS 系统所引申的一个结论,他表明,VF 比 KF 强得多:VF 在证明-理论上等值于迭代的归纳定义的 ID_1 理论[17],后者并非谓词化的。该结论及其后续结论提示着:一方面的二阶算术子系统的谓词化,与(另一方面的)PA 上真理理论的组合性紧密相关。

贺柏和教授对前述各种理论都进行了分析评价,并基于肯定而无类的塔斯基双条件句(positive and type-free

---

[17] ID_1 理论认为,对于任何算术肯定算子都存在一个固定点,并为之建立相适宜的原理。

uniform Tarski biconditionals)建立了一个 PUTB 系统(Halbach，V. 2009b，786—798)，他证明了可以在没有塔斯基的对象语言与元语言区分的情况下避免悖论式的不一致，同时，PUTB 系统也是 KF 的一个子系统。

3. 相关哲学问题

总之，不管以何种方式研究真，传统的理论都是关注于"真"，对"真"进行某种定义，力图揭示其内涵(刘大为　李娜 2013)，而在公理化的"真"理论中，"真"被看做是一个由特定公理和规则所支配的初始谓词。说谎者悖论与其他悖论要求我们非常小心地构建这些公理与规则(贺柏和 2014)。但相比定义这种内涵化的研究方法，公理化进路则坚持了逻辑研究的外延化传统，只不过它是对逻辑系统自身的语义解释层面上的外延化，即不是关注真概念的内涵，而力图从外延上给出所有的真语句。

略去公理化方法中复杂而精细的技术性处理，当真之公理化系统构建完成后，诸多相关问题有待进一步讨论。

其中一个有趣的话题是，能否借助真之公理化系统把日常语言中的真概念转换成某种程序化的操作，使得我们的表达更为清晰明确？贺柏和教授认为，尽管人们有很好的理由朝这个方向努力，但是人们在公理的选择、日常语言的副词、索引词符号化等方面都面临很大的困难。

由于真之公理化理论可以解释并处理相关悖论中的不一

致,与真相类似的概念,如日常生活中常用的必然、知道、将来、过去等,都可以做谓词化的理解。由此,公理化理论不仅对于模态悖论(Halbach,V. 2009a)、认知悖论(Halbach,V. 2009b)的解决可以提供类似的方案,而且对于过去、将来等时间概念,公理化方法的处理也许有更好的发展前景。

我们认为,"真"是逻辑学、哲学、政治学等多领域共同的基本概念。贺柏和教授在分析各种不同的真之公理化系统并构建新系统的同时,还讨论了真之紧缩论与保守论、存在问题的处理、非经典逻辑的表达力等问题。虽然真之公理化理论建立在形式语言基础之上,但其总体研究思路也有助于启发对这些问题的解决。

第六章

"真"与真理

逻辑学建立在伦理学基础之上,伦理学建立在美学基础之上。

——C·S·皮尔士

在此前诸章中,我们讨论了"真"与"真理"这些词在根本上的不同之处,并对西方所谓的"真理"或者说"真"做一些最初的界定;再具体地回顾"真"理论在西方的各种主要型态,顺着历史的脉络,从哲学的层面过渡到逻辑的层面,过渡到真的语义论和语用论、融贯论和公理论。最终,我们需要触及诸如"真与真理""逻辑真理与客观真理""逻辑与理性"等的"最高最后的问题"(文德尔班 1964,49)。

"真"理论在历史上的演变呈现出从哲学到逻辑、从非形式到形式的大致趋向,然而,这一趋向是否把我们作为开端而呈现出来的"什么是真"和"如何检验真"的问题给遗忘了呢?至少,在塔斯基那里,我们可以看到的仅仅是"什么是'真'这个词的意思"的问题,而不是"什么是真这种性质"的问题。真的实用论和冗余论向语用层面的转进也正体现了对于在形式的层面上处理"真"理论的问题的某种质疑的倾向。而公理化的进路只是对于真进行技术化的逻辑处理,回避了真的日常或一般思想中的使用。这是否也就宣告了逻辑学或者说形式化的理论在解决"真"理论的问题上的无能?答案不得而知。不过,这不由不使我们进一步反思:逻辑与理性之间的关系究竟是怎么样的?逻辑理性的界限如何?不同的"真"是否有各种不同的转化机制?

第一节 真与真理的区分

一、形式与非形式的探讨

在对逻辑中的"真",或者说语句作为一种存在所具有的"真"这种属性是什么以及如何检验它的问题有所了解的基础上,下面,我们将进一步探讨"真与真理"的问题。按照我们在上面所做的初步界定,"真"是一种属性,它是语句作为一种存在本身所具有的一种属性,这里所说的"真"是在语言的层面上的"真"。而"真理"则是在认识的层面上所说的我们所获得的真的认识,也即在认识层面上的"真"。这种作为认识结果的"真理"反映到语言的层面上,便成为真的语句或真命题。

根据"真"理论在历史上的几种主要型态,我们看到:关于"真"的理论起先是与一定的哲学立场(如逻辑原子论、黑格尔主义)紧密相连的。尔后,随着"分析的时代"的真正到来,不论是符合论还是融贯论都纷纷摆脱了各自所依靠的哲学立场,直面问题本身而进一步走到了一起,便构成了"符合论给出真的定义、融贯论给出真的标准"这么一种"真"理论的基本框架。在这一框架中,"什么是真"以及"如何检验真"的问题可以说是得到了初步的解决。

此后,塔斯基在语义的层面上考察了"真"的定义,从而给"真"这个包含着相当非形式因素的概念做出了形式上几近完美的定义。与此同时,"真"的实用论和冗余论则转而下降到语用的层面,从而揭示了"真"这个从另一方面来看又相当形式(抽象)的概念对我们的语言和行为所具有的现实意义或者说非形式的意义。"真"的语义论和语用论这两条路向相互呼应,便将我们对"真"理论的探讨从哲学的层面提升到了纯粹逻辑的层面,又从逻辑的层面落实到了纯粹生活的层面,这就大大地扩展了"真"理论在形式和非形式这两个方向上的探讨空间。

二、"真"的不可定义性与可知性

拉姆赛曾经说过,"实际上并没有分离开来的真的问题,有的只是一片语言的泥淖"(陈嘉映 2003,65),在对于历史上形形色色的"真"理论进行回顾之后,也许我们对于这句话会更有一番深切的体会。

从逻辑形式上看,"真"作为一种属性或是谓词难以定义,或如弗雷格所说不可定义,但并不意味着"真"不可知。对"真"的认知,则是对其内涵的把握;对"真"认知的结果,则为"真理",即在思想中把握"真"。

虽然弗雷格认为"真"概念不可定义,但同时他又主张"真"是可知的(knowable)(任书建 2012)。这是如何做到的呢?认知主体不能从事物与事物之间的一致关系中接近"真"概念的内涵。但是,弗雷格"真"之不可定义性也预示了对"真"概念的把握可以通过"真"概念在外延意义中实现的。思想与"真"有着某种内在的联系。对语言中思想的理解也在于确定是什么才是真的。如果我们能够通过可能途径来把握思想,也就自然对"真"有了进一步的了解(弗雷格 2006,133)。把握"真"首先需要从思想入手,然而思想并非是显而易见的,思想的获得需要对语言结构进行深入分析。在弗雷格看来,语言的结构并不反映思想的结构,尽管思想需要语言来承载,但是思想与真之间的关系却不是语法意义上中主词与谓词之间的关系。

> 谓词与主词的结合总是仅仅达到思想,决不能从涵义达到其意谓,也不是从思想达到其真值。……一个真值不能是一个思想的一部分。(弗雷格 2006,134)

"真"概念与思想不在同一个层次上,"真"与思想关系的分析同样不能等同于语言学中对于句子主谓结构的分析。弗雷格认为如果"真"概念不在思想之中,那么它就在思想之外,两者之间的关系仅仅在于它们分别处于断定语句的涵义和意谓位置上,并且与思想相比,"真"概念具有优先性。因为只有首先存在"真"概念这个意谓,才能断定思想为真。在"真"概念逻辑优先性前提下,也只有通过思想才能把握"真"概念。表达思想的语言掺杂着与思想无关的元素,理解思想就是首先要把思想从语言的束缚中解放出来。

根据弗雷格这种观点,首要的任务就是具体考察语言与思想的关系。句子是语言的基本单位,句子的结构尽管不能反映思想的结构,但是却能表达思想,这也说明在语言与思想之间存在着某种契合。在弗雷格看来,"在普拉蒂亚希腊人战胜波斯人"和"在普拉蒂亚波斯人被希腊人战胜"是不同的句子陈述。采用他的概念文字方法之后,就可以把某物将另一物打败表示为:在 $F(x,y)$ 中,F 表示"战胜"这样一种关系,x 与 y 表示交战的双方。当 a 指示"希腊人",同时 b 指示"波斯人"时,这两个陈述句就可以共同表达为一个特定的表达式:$F(a,b)$,弗雷格称之为"概念内容"。概念内容是语言中句子的逻辑内容,也即是弗雷格称之为"思想"的东西。当人们质疑不同语言的表达绝不可能在另一种语言中确切复述出来,甚至一个语词在同一种语言中也从未被完全理解的时候,弗雷格坚持思想具有客观实在性。他说道：

> 我不研究这些句子有多少合理性，而只是强调，尽管如此，在各种不同的表述中常常还是有一些共同的东西，我称这些东西为涵义，尤其是在句子中，我称它们为思想；换言之，人们可以以不同的方式表达同一涵义、同一思想，因此这里的差异不是涵义的差异而是对涵义的理解、说明，修饰的差异是逻辑不予考虑的。……（弗雷格2006，83）

在弗雷格看来，正是句子的涵义即思想的客观性保证它的无歧义，而这与认识主体对涵义本身理解上的差异无关。尽管其中还掺杂一些非逻辑的东西，但是无损句子概念内容的客观性。

由此可以看出，从语言中分离思想是可能的。这也就意味着"真"是可以通过语言分析获得理解。弗雷格指称理论就是在具体说明如何通过对语句分析达到对于思想的理解。他首先提出了涵义和意谓的分别。意谓是句子表达的对象，涵义则是对象的给定方式。这样的分别是对语言深入分析的第一步。接下来，弗雷格所要说明的就是，句子层面上的东西以及思想层面的东西究竟哪些是共同的？根据指称理论，他认为，句子、专名和概念词都是语法层面的，相应地，它们各自在逻辑层面的涵义就是：思想、思想的一部分和思想的一部分，如图6-1所示（弗雷格 2006，6）。

[语言层面] 句子： 专名 概念词
[涵义层面] 思想： 思想的组成部分 思想的组成部分
[意谓层面] 真值： 对象 概念

图6-1 弗雷格的"涵义"概念

弗雷格认为句子的涵义是思想，句子的意谓是真值。语言分析可以发现思想结构，并通过语言分析达到对于思想的真的把握。这是真之可知性的可能途径。

同时，"真"的理解是一个认知过程。

> 但是如果不利用那些不具有普遍逻辑性质而涉及特殊知识领域的真就不可能进行证明的话，句子就是综合的。对后验的真而言，离开了事实不可能得出对它的证明，也就是说，不可证明的真是不具有普遍性的，因为它包涵了对特殊对象的断定。相反，如果可以完全从本身既不能够也不需要证明的普遍定理得到证明，真就是先验的。(Frege, G. 1954,4)

这里揭示了"真"与证明之间的关系，也就是后验真依赖经验性证明，这种证明涉及经验对象。同时，先验真不需要证明，因为它完全可以通过概念体系的自身建构得到证明。但是，概念本身不能显示，它首先需要语言来呈现。概念本身在语言分析中体现，就是一种对逻辑概念的理解，但是，因为自然语言的模糊性，这种理解是粗糙的。必须要有一种区别于自然语言的普遍语言，通过普遍语言可以短时间内对"真"获得很高的确定性。

另外，在"真"如何被认识主体理解的问题上，弗雷格也考虑到认知过程复杂性显示出"真"概念的把握不是在短时间内就能够完成的。对"真"概念的证明过程是不断深入的：

> 证明的目的不仅仅在于使一个句子的真摆脱各种怀疑，而且在于提供关于句子的真之间相互依赖性的认识。人们试图推动一块岩石，如果没有推动它，人们就相信这块岩石是不可动摇的，这时人们可能会进一步问，是什么东西这么稳定地支持着它？越是深入地进行这些探究，就越不能追溯到所有事物的初真；而且这种简化本身就是一个值得追求的目标。（弗雷格2006, 12）

但是这样对"真"概念的认识在弗雷格看来容易进入一个误区，人们似乎认为"真"概念的证明是具有时间性的，进一步就说"真"概念本身也具有时间性，"真"概念的起源是后验的。弗雷格认为这种想法是错误的，"真"概念的证明不能替代

"真"概念本身,前者涉及认识主体的证明实践,后者完全是概念自身的逻辑建构,与时间无关。换言之,"真"概念自身是在时空之外的。弗雷格试图要说明的是,"真"概念可知性是可能的,无论是否能在时间之流中被认识主体把握。

为了能够更准确地讨论"真"是可以在证明中体现的,弗雷格谈到了归纳论证对理解"真"概念的意义,弗雷格在一段文字的附注中写道:

> 如果我们认识到普遍性真的存在,我们也就必须承认有这样的初始定律存在着,因为从仅仅个别事实得不出任何东西,除非基于定律。甚至归纳本身也依据下面这个普遍原理,即归纳方法可以确立一条定律的真,或者说,可以确认它的概率。假如我们否认这一点,归纳也将变得不过是一种心理现象,一种引起别人相信句子的真,而又无需为这种信念提供任何证据的程序。(弗雷格2006,12)

弗雷格用反证法说明归纳与"真"的关系,那就是弗雷格认为归纳对体现"真"概念是重要的,归纳原则也不属于任何心理学规定,虽然归纳方法本身不能完全确定"真"概念本身而只是概率,但是"真"概念却由此可以体现出来。在这里,"真"概念是在一种已经实现的意义上来理解的。弗雷格晚年对"真"概念的认识有这样的倾向：

> 试图做到，但未能做到"使不可能成为可能，就是说，使与断定力相应的东西表现为对思想的贡献"。（达米特2005，12）

"真"概念与认识主体对它的理解之间存在着某种张力。也就是，"真"概念在定义的层面上不可定义，但在证明的层面上，它又是可以把握的。证明包含着对于"真"概念的浅理解，也是一种向"真"概念内涵的接近。

最后，需要说明的是，以上对于"真"概念可知性的分析，并不局限于弗雷格意义理论中如何从句子过渡到思想从而把握真的这一过程，还包括弗雷格散见于各个时期的论文中对于"真"概念可知性以及如何理解的方法论方面的论述。"真"的可知性在某种意义上也可以说是世界的可知性。因为关于世界的知识总体是以逻辑为基础的，也就是说，不仅包含在对语言的分析中，还有对于"真"概念在科学意义上的理解。

第二节 三种"真"的传导机制

一、三种不同的"真"

在实际的认知过程中，我们也可以发现不同"真"的传导机制,这也代表着真之追求的多种进路。

面对各种"真"理论所研究或所得到的"真",我们可以大致将其分为三种:观察事实的真、自然规律的真和理论系统的真。这里的"真",既指语言学意义上分析的"真",也指认识论意义上先验的"真",也指形而上学意义上必然的"真"(邵强进2015)。

需要注意的是,对于不同"真"之间的联系,若以虚框表示,则代表或然性;若以实框表示,则代表必然性。在个体性的观察事实之间,存在某种个体直觉的推理;在不同的自然规律之间,存在某种类比归纳推理;二者都存在某种思维跳跃,其结论并不是必然的。但这种思维跳跃不同于由观察事实的真跃升到自然规律的真,再跃升到理论系统的真。这里的思维"跃升"是一种基于事实真的科学探究过程,尽管它仍是或然的。

二、传导机制图

借助皮尔士的三元分析法,我们可构造不同类型"真"的层级传导机制。

图 6-2 所示为三种"真"的传导机制[18]。

---

[18] 本图得自皮尔士对推理三分法的启发,即与索引(index)、图标(icon)和符号(symbol)相对应的语义推理之梯。参见皮尔森(2005),102。

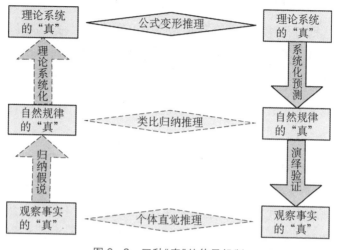

图 6-2 三种"真"的传导机制

在上述三种"真"之间,存在如下传导机制:观察事实的"真"是最基本的真,经由它们,通过归纳假说,形成自然规律的"真",自然规律的"真"再经过理论系统化之后,升格为理论系统的"真";但在不同的理论系统之间,可以展开逻辑推导,分析论证;理论系统的"真"经过系统化预测,可以预测某些自然规律的"真";自然规律的"真"则经过演绎推导,又可以得到验证某些观察事实的"真"。

需要注意的是,对于不同"真"之间的联系,若以虚框表示,则代表或然性,若以实框表示,则代表必然性。在个体性的观察事实之间,存在某种个体直觉的推理;在不同的自然规律之间,存在某种类比归纳推理;二者都存在某种思维跳跃,其结论并不是必然的。但这种思维跳跃不同于由观察事实的真跃升到自然规律的真,再跃升到理论系统的"真"。这里的思维"跃升"是一种基于事实真的科学探究过程,尽管它仍是或然的。

从一定意义上说,逻辑是理性规律分析与建构的理论,理论系统的"真"必将回归于逻辑的"真",而逻辑真又可归之于命题或语句真。金岳霖先生曾在《关于真假的一个意见》中提出利用证明和证实来共同定义真的方法:真命题是可以证明而又可证实的命题。同时,金先生又区分了"可以"与"能够"。此处"可以"的意思是不为逻辑所淘汰的意见,而"能够"是办得到的意思(金岳霖 1994b,22—24)。可以证明证实与否,关乎该定义;能够证明证实与否,关乎其标准。

三、经验证实与逻辑证明

通过上述传导机制,我们可以更好地理解:既可以证明又可以证实的命题为真,即从观察事实之真,经由经验规律之真,上升到理论系统之真,证明应用于理论系统;证实应用于经验规律,它们最终必须建立在观察事实之真的基础上。因此,理性的真之追问是建立在逻辑方法基础之上,并且无论是归纳、类比还演绎,作为一种科学的方法,它最终都需要有观察事实为其基础。

但是,随着现代逻辑的发展,尤其是模态逻辑的兴起,逻辑系统与现实世界的联系不再紧密,现实世界只是逻辑空间中可能世界的一个特例,真是在世界之中的真,而这个世界并不必然以现实世界为唯一参照。也就是说,在证明与证实之间,逻辑倾向于完全、彻底地选择前者。

撇开经验证实之真,仅就理论系统之真而言,面对可能引起悖论的风险,如前所述,"真"难以定义,又不可或缺,我们依然需要为"真"找寻其根本基础。因此,公理化"真"理论才得以受到学界关注。

第三节 从逻辑的观点看"真"

更进一步来说,我们探讨认识层面的"真"必然要落实到语言的层面上来,因为我们在认识的层面所得到的"真理"必然以一定的语句或命题为载体。所以,我们探讨"真"与"真理"的问题,也需要探讨"真"这种属性与具有这种属性的真命题或者说真语句之间的关系[19]。

一、真理的绝对性与相对性

简而言之,真理落实到语言或者说逻辑的层面上便是真语句或者说真命题。当然,真命题的真并不是绝对的真,因为这种真不仅是有范围的,而且还是有前提的。但它又并不完

---

[19] 本节关于真的模型解释与分析部分得益于与汤铭钧的交流探讨。

全是一种相对的真,因为真命题的真在一定的范围之内或在一定的前提之下则是一种确定无疑、独立不改的真。这一点也正是在逻辑的层面上(或者宽泛一点也可以说是在语言的层面上)所反映的真理的绝对性与相对性之间的复杂关系。对此,我们可以有两种解释:可能世界的解释和经典逻辑的解释。

1. 可能世界的解释

正是可能世界的语义学为我们提供了一种解释一个真命题在多大的范围之内为真的方法。其基本思想可用$\langle W, R, V \rangle$这么一种模型来概括:$\langle W, R, V \rangle$是一个有序三元组,其中W代表一个非空的可能世界集;R是W上的一个二元关系,它所定义的是W上的可通达关系,亦即在W上的任意两个可能世界之间的相互关系;而V则是一个赋值函数,比如说,"$V(p_1, w_1) = 1$"的意思也就是命题$p1$在可能世界$w1$中是真的,"$V(p_2, w_2) = 0$"则表示命题p_2在可能世界w_2中是假的。而如果$W = \{w_1, w_2, \cdots, w_n\} (n \in \mathbf{N})$,而且$R$的定义也已明确的话,我们就可以通过$\langle W, R, V \rangle$的模型来定义命题$p_1$为真的范围,以及命题$p_2$为假的范围了。

既然在可能世界的语义学看来,一切命题的真假都具有一定的范围或限度,那么我们便可以借助于可能世界的语言来解释一个命题在某个世界w中的"绝对真""绝对假""相对真"和"相对假"了,就比如说:

模型$\langle W, R, V\rangle$[20]是一个有序三元组：$W = \{w_1,\cdots, w_n\}$ $(n \in \mathbf{N})$是一个可能世界的非空集合，w_n代表在W中的任何一个可能世界；R是W上的一个二元自反关系，即对任何$w_n \in W$，都有$w_n R w_n$；V是一个赋值函数，且满足条件：

（1）对任何一个$p_k(k \in \mathbf{N})$和任何一个$w_n \in W$，都有$V(p_k, w_n) = 0$或$V(p_k, w_n) = 1$，但不同时成立；

（2）$V(\neg p, w_n) = 0$，当且仅当$V(p, w_n) = 0$；

（3）$V(p \rightarrow q, w_n) = 1$，当且仅当$V(p, w_n) = 0$或$V(q, w_n) = 1$；

（4）$V(p \vee q, w_n) = 1$，当且仅当$V(p, w_n) = 1$或$V(q, w_n) = 1$；

（5）$V(p \wedge q, w_n) = 1$，当且仅当$V(p, w_n) = 1$且$V(q, w_n) = 1$。

则对任何一个命题p在某个世界w_n中的"绝对真""绝对假""相对真"和"相对假"，我们可以分别定义如下：

（1）p在w_n中的绝对真，当且仅当对任何一个满足条件$w_n R w_k$的$w_k \in W$，都有$V(p, w_k) = 1$；

（2）p在w_n中的绝对假，当且仅当对任何一个满足条件$w_n R w_k$的$w_k \in W$，都有$V(p, w_k) = 0$；

（3）p在w_n中的相对真，当且仅当至少存在一个w_k，且

---

[20] 这个模型的建构参照了塔斯基的T模型。

$w_n R w_k$,使 $V(p, w_k) = 1$;

(4) p 在 w_n 中的相对假,当且仅当至少存在一个 w_k,且 $w_n R w_k$,使 $V(p, w_k) = 0$。

这就是我们对一个命题的真的绝对性和相对性的可能世界的一种解释。从这种解释中我们可以看到,一个命题的真可以是绝对的,也可以是相对的,这也就是说:这个命题为真的范围可以延伸到任何一个与它在其中绝对真的世界有关的世界,也可以至少在一个与它在其中相对真的世界有关的世界中得到保持。同样,一个命题的假可以是绝对的,也可以是相对的,这也就是说:这个命题为假的范围可以延伸到任何一个与它在其中绝对假的世界有关的世界,也可以至少在一个与它在其中相对假的世界有关的世界中得到保持。

由此可见,一个命题的真假都具有一定的范围,而不论这种真假是相对的,抑或是绝对的。这也正在逻辑的层面上,从一个命题之为真或为假的可能的范围的角度,解释了真理的绝对性和相对性。

2. 经典逻辑的解释

而相比之下,经典逻辑则能够帮助我们在逻辑的层面上、从语义的角度来解释真理的绝对性和相对性。从经典逻辑的角度来看,如果一个命题的真不依赖于其他任何命题或推理的话,则这个命题的真就是绝对的,它所反映的真理因而也就是一个绝对的真理,如"$\neg(p \land \neg p)$"就是一个绝对真的命题。它是一个重言式,所以便是绝对真的。换而言之,一个命题是绝对真的,当且仅当它是一个重言式。反之亦然,一个命题是绝对假的,当且仅当它是一个永假式,如"$p \land \neg p$"。

而如果一个命题的真依赖于一定的命题或推理的话,那么这个命题的真就是相对的,它所反映的真理因而也就是一个相对的真理。如"$(p \lor q) \land \neg p \to q$"中的"$q$"所表示的正是一个相对真的命题,它的真依赖于一个选言推理。反之,当一个命题的假也同样依赖于一定的命题或推理的时候,那这个命题的假也就是相对的。如"$(p \to q) \land \neg q \to \neg p$"中的"$p$"所表示的正是一个相对假的命题,因为它的假依赖于一个充分条件假言推理的否定后件式。事实上,一切非永真且非永假的命题都可以在一定的条件下为真,也可以在一定的条件下为假。所以,一个命题是相对真或相对假的,当且仅当它既不是重言式,也不是一个永假式。

由此可见,真理的绝对性和相对性在经典逻辑的解释下便分别等同于是一个重言式和不是一个重言式(且并非永假)。我们知道,重言式和永假式都是在同语反复,是逻辑中最没有意义的那一类命题。而只有相对真或相对假的命题才真正地在语义上是有意义的。所以,从经典逻辑的角度来看,只有相对的真理才是在语义上有意义的。当然,相对的真理便无法保证自己在所有情况下的真。所以,"真"与"语义",鱼与熊掌两者不可兼得。这就是我们从经典逻辑的角度对真理的绝对性和相对性所做的解释。

由此反观此前的可能世界的解释,我们便可以看到两种解释在同一个模式下实质上是一致的。因为,简单来说,在同一个模式下,永真就意味着在所有的地方真,永假就意味着在所有的地方假,而在所有的地方真也就意味着永真,在所有的地方假也就意味着永假。同样地,在同一个模式下,相对的真就意味着至少在一个地方真,相对的假就意味着至少在一个地方假,而至少在一个地方真也就意味着相对的真,至少在一个地方假也就意味着相对的假。所以,经典逻辑的解释与可能世界的解释在同一个模式下实质上是一致的。

因而我们进一步便可以说,在同一个模式下,真理的绝对性就在于它的无条件的真和在任何情况下真,真理的相对性就在于它的有条件的真和至少在一种情况下真:这正是我们在逻辑的层面上对真理的绝对性和相对性所做的总的解释。

3. 真理的可修正性与发展的真理

然而,如上所述,无条件真的真理是永真式,而永真式是没有意义的,只有有条件真的真理才是有意义的。应当注意的是,在我们这么说的时候,我们是将逻辑真理排除在外的。因为逻辑真理就是那些重言式,这些重言式仅仅就其自身而言才是有意义的。

也就是说,除了逻辑真理之外,其他所有的真理都是有意义,但却并非绝对真的。所以,根据上文从可能世界和经典逻辑这两个角度对真理的相对性的定义,我们便可以看到,在我们的现实生活中的任何一个真理都仅仅局限在一定的范围之内才是真的,都仅仅在一定的条件之下才是真的;只要它至少在一种情况下是真的,那么它就可以被称之为是一条真理;而且,这条真理在语义上肯定是有意义的,尽管它并不是在任何地方、任何情况下都是真的。

所以,在我们现实生活中的真理便都是可以修正的,它们便都具有可修正性,这也正是现实真理之相对性的题中应有之义。而我们对于现实生活中的一条真理进行修正的过程,从可能世界的角度来看,也就是通过修改它所在的整个理论模型($\langle W, R, V \rangle$),从而扩大其适用的范围;从经典逻辑的角度来看,也正是对它进行分析,从而在语义上有所引申。无疑,对于同一条现实的真理,这是两种修正的过程:前一种修正通过调整整个理论而使它能够在更多的地方(或可能世界中)适用;而后一种修正则通过对它进行分析,在语义上有所引申,从而使它具有更为丰富的内涵。前者扩大的是它的适用范围,而后者引申的是它的语义。由此可见,对一条现实的真理进行修正的过程不外乎扩大其适用的范围,或在语义上有所引申:这也正是我们所说的真理的发展。

更进一步来看,范围的扩大和语义的引申都是从逻辑上来说,而获得修正则是从历史上来说的。我们科学的发展正体现为这么一种真理之不断被修正的过程,这一过程从逻辑上来看：正是一个理论模型为另一个理论模型所替代，从而使在前一个理论中的真理在新的理论中所适用的范围更广；而另一方面，也正是对新发现（认识到）的真理进行分析，通过引申其语义，从而获得更为深入的结论。所以，真理的发展从历史上来看是一个不断获得修正的过程，而这一不断修正的过程从逻辑上来看则存在着一定的内在规律，即：现实的真理在历史的发展过程中其适用的范围不断地得到扩大，而其语义则不断地得到引申。

在笔者看来，真与真理的区分在逻辑的层面上也就是真与真命题的区分。所以，用"真"来恢复"truth"的本义并不能使我们完全地抛弃"真理"这个词。可以说："真理在其历史的发展中不断得到修正"，但显然不可以说："真在其历史的发展中不断得到修正"，"真"所表示的是一种性质，正像"红"不可能在其历史的发展中不断得到修正一样，我们后面的那个句子纯属范畴的误用。真是一种性质，而真命题则是真这种性质的载体，真命题所反映的也就是作为我们认识的结果的真理。真理是在观念中的东西，真命题是在语言层面上的存在，而真则是真命题所承载的一种属性。

在明确了这一点之后，我们又进而对真理的绝对性与相对性做了可能世界的解释和经典逻辑的解释，从而在逻辑的层面上表明了现实中的真理都仅仅是在一定范围之内适用、在一定条件之下成立的相对的真理。这一点落实到历史的发展过程中便体现为真理的可修正性,而这种对于真理的修正从逻辑的角度来描述,也就是扩大其适用的范围和引申其语义。当然,我们这么说的时候是把逻辑真理的问题排除在外的,我们在这里所谈论的仅仅是现实真理。

现实的真理在其不断获得修正的过程中所展现出来的范围扩大和语义引申,也正是真理的发展。现实的真理不断在发展,现实的真理也就是发展的真理。

二、逻辑真理与客观真理

逻辑真理,也就是我们上面所说的那些绝对的真理。这类真理在适用范围上是最大的,而在语义上则是最贫乏的。逻辑真理,也正是那些在形式上永真的重言式。

然而,这些真理的真仅仅是在一定的体系之内才是范围最大、无需条件的,而脱离了这个体系,逻辑真理便同样也呈现出为其他真理所共同具有的相对性和可修正性。所以,逻辑真理就其自身来说,也是相对的和可修正的。

1. 多值逻辑的例子

就以多值逻辑与经典逻辑间的差别为例,在多值逻辑看来,若一个逻辑系统中的命题可取值的数目为 n,则称之为 n 值逻辑;经典逻辑是 $n=2$ 的逻辑,即二值逻辑,记为 L_2。而 $n=3$ 的逻辑也就是三值逻辑,记为 L_3。譬如,"明天将要下雨"这一涉及未来偶然性的命题,它既不真也不假,而仅仅是可能或不定。在三值逻辑中,它的值就当取为"不定"(I),而并非"真"(T)或"假"(F)。进一步,在三值逻辑中,"¬p"的真值可被定义如下(见表6-1)。

表6-1 "¬p"的真值定义

p	¬p
T	F
I	I
F	T

由此可见,在经典逻辑(二值逻辑)中的排中律"$p \vee \neg p$"在如上的三值逻辑中将不成立。在经典逻辑中,排中律"$p \vee \neg p$"也就是说:一个命题要么真要么假,不存在第三种可能。而在三值逻辑中,却允许这第三种可能的存在,即"不定"的存在。同样地,在经典逻辑中的不矛盾律"$\neg(p \wedge \neg p)$"在如上的三值逻辑中也将不成立。因为,如表6-1的真值表所示,"p"和"¬p"的值可以同取"不定",而在如上的三值逻辑中,当仅含联结词"∧""∨""¬"的公式所联结的肢命题都取"不定"时,这个公式的值也取"不定"。所以,"$\neg(p \wedge \neg p)$"在三值逻辑中便不再是一个永真式。

正如上例所示,不论是经典逻辑中的排中律还是不矛盾律,它们的有效性都是相对于经典逻辑的系统而言的,这并不是说它们超出了经典逻辑便不再有效,而是说它们在经典逻辑的系统之外的有效性就必须相对于它们所在的另外的那个系统而言了。所以说,逻辑真理同样也是相对的,它们的永真都必须是相对于一定的逻辑系统而言的。

进而言之,这些重言式也同样是可以修正的。那么,对于它们的修正是否也同样地是一种适用范围的扩大和语义的引申呢?应当指出的是,逻辑真理就它所在的系统而言,是在语义上绝对贫乏而在适用范围上绝对无限的真理;而当它超出了自己所在系统之后,它便不能保证自己的真理性,所以在它所在的系统之外的情况,也就不在我们有关"真理"的考虑范围之内。因此,当逻辑真理是一种真理的时候,它的语义无限贫乏而适用范围无限广阔:就这一点来说,它与此前所谈的相对真理(现实的真理)之间存在着质的差别。这正体现在,既然逻辑真理的语义无限贫乏,那么便无所谓语义的引申可言;而既然逻辑真理的适用范围无限广阔,那么也就无所谓适用范围的扩大可言。因此,对于逻辑真理的修正既不是一种范围的扩大,也不是一种语义的引申。

这是一个复杂的问题。在这里,笔者认为,对于逻辑真理的修正纯粹就是一种对其本质的改变。因为在逻辑真理这里,它的表现形式和本质是直接地统一在一定的公式中的。所以对其形式的改变同时也就是对其本质的改变。严格地说,逻辑真理是相对于一定的逻辑系统而言的,对它的修正从形式上来看,是使这一重言式在别的逻辑系统之内依然保持其永真的特性;而从实质上来看,则从根本上改变了这一逻辑真理的本质,因而所得的逻辑真理与其说是修正的结果,毋宁说是一种创造的结果。而这种创造活动所依赖的,正是我们对世界的认识和我们的想象力。

2. 客观性与客观真理

什么是客观性?这里,我们主要来看一下约翰·塞尔(John Searle)的提法。塞尔主要是区分了认识层面上的客观性(epistemic objectivity)与存在论层面上的客观性(ontological objectivity)。就比如说,喜马拉雅山的存在是客观的,它的存在不依赖于是否为主体所经验到;而疼痛的存在则是主观的,因为它只是由于某个主体的体验才存在。所以,喜马拉雅山的存在便具有存在层面上的客观性,而疼痛的存在则具有存在层面上的主观性。进一步来说,当某人(S)感到疼痛的时候,为S所感到的疼痛在存在的层面上是主观的,然而"S感到疼痛"这一陈述却是客观的,不论是你还是我,只要具备了对这一陈述进行判断的条件,就一定会认为这个陈述是真的;反过来说,这个陈述的真并不依赖于观察者的态度和情感。所以,这个陈述在认识的层面上显然是客观的。"一个陈述如果能够不依赖于人们的情感、态度和先入之见而被知道是真的还是假的",那么这个陈述在认识的层面上就是客观的;而"如果一个陈述的真基本上依赖于观察者的态度和情感"(塞尔2001,43—44),那这个陈述在认识的层面上就是主观的。

不过,从根本上来说,"S感到疼痛"这个陈述一定是为某人说出的存在,所以这个陈述的存在区别于喜马拉雅山的存在而是一种主观的存在,"S感到疼痛"这个陈述在存在的层面上因而便是主观的。但这并不妨碍这个陈述在认识的层面上所具有的客观性,因为它还是能为任何具备对它进行判断的条件的人所共同认可的。由此可见,认识层面上的主观/客观之分与存在层面上的主观/客观之分对于某一个特定的对象而言,完全可以不相妨碍地并存,因为,它们首先是在两个层面上的事情。

同样地,当我们将这一提法应用到真理问题上来的时候,我们也将发现:真理是某种在存在的层面上主观的东西,因为它的存在是与主体的认识和语言相关的;而另一方面,真理在认识的层面上则是客观的,因为真理的真并不依赖于观察者的态度和情感。也就是说,只要条件具备,任何人都会认同真理的真。正如塞尔所说:

> 科学从某种意义来说,在认识上的确应该是客观的,这个意义就是:科学家试图发现独立于任何人的情感、态度或先入之见的真理。然而,这种认识上的客观性并不排斥作为一个研究领域的存在层面上的主观性。(塞尔2001,44—45)

所以，我们也就可以说：客观真理正是在认识的层面上才是客观的，而它在存在的层面上则是一种主观的存在。这一点反过来也更明确了我们在上文中把真理界定为某种在认识的层面上、作为认识的结果而存在的东西的做法，尽管真理作为认识的结果在存在的层面上是主观的，但它在可以为任何人在毫无偏见的情况下所认同的意义上则是客观的，也就是说，在认识的层面上则是客观的。这也正是我们所说的客观真理所具有的"客观性"的真实含义，即认识层面上的客观性。

如上所述，客观真理在认识的层面上是客观的，而它在存在的层面上则是主观的。那客观真理既然在存在的层面上是主观的，又何以能为所有人在正常的情况下所认同呢？这也就涉及这样一个问题：客观真理在何种意义上才是真的？上面，我们从客观性的角度来看客观真理，而在这里，我们进一步尝试从"真"这种属性的角度来看客观真理与逻辑真理的关系。

3. 客观真理及其与逻辑真理的关系

回到上文对"真"理论的回顾，符合论给出真的定义、融贯论给出真的标准，这是对"什么是真"和"如何检验真"的问题所得到的初步答案。既然定义反过来也可以在原则上成为标准，那真的符合论与融贯论在原则上就可以作为真的两个标准而被使用。

而这两个标准对客观真理所要求的也正是：在现实中符合与在逻辑上融贯。这就是说，客观真理必与现实相符合、必与整体相融贯；前者是从内容上说的，而后者则是从形式上说的。所以,符合是真的标准在内容上的要求,而融贯则是真的标准在形式上的要求。

进而言之,客观真理与整体间的关系必须在逻辑上与正确的推理形式同构,或者说与逻辑真理同构:这就是融贯的基本要求。由此可见,客观真理一方面必须在内容上符合现实,另一方面还必须在它和整体的关系上同构于逻辑真理。在这个意义上,正是逻辑真理保证了客观真理在形式上的真:这就是客观真理与逻辑真理之间的主要关系。

综合以上的"客观性"和"真"这两个角度,我们就可以看到:客观真理的客观是在认识层面上的客观,而它之所以具有在认识层面上的客观性,是因为它一方面在内容上符合现实,另一方面又在形式上与整体相融贯,也就是说,在与整体的关系上同构于逻辑真理。反过来,也正是逻辑真理保证了客观真理在形式上的真。

客观的真理也就是现实的真理。如上所述,现实的真理是相对的而且是可修正的,这种修正在逻辑上就表现为适用范围的扩大和语义的引申。更进一步来说,真理作为认识的结果而处在认识的层面上,这种包含真理的认识反映在逻辑的层面上就是真命题。而真则是一种认识之所以成其为包含真理的认识的那种属性,同时也是一个命题之所以成其为真命题的那种属性。真这种属性从认识的层面到逻辑的层面是一气贯注下来而互为贯通的,但由于真理必以一定的命题为载体,所以真命题也就是真理的实现(反映着一定的真理),而作为真这种属性在逻辑上的抽象的真值也正以一定的命题为其承担者,如图6-3所示。

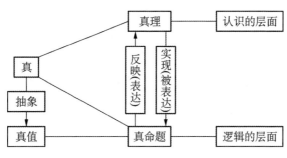

图6-3 真理与真命题之间的关系

真理与真命题之间的关系也可以说是表达与被表达的关系,即前者为后者所表达。这是我们对上文所涉及的一些概念的厘清,也是我们对上文在形式上的一个总结。只有在厘清了这些概念以后,我们才能在实质上明确地探讨"什么是真"以及"如何检验真"的问题,才能进一步追问"什么是真理"以及"什么是客观真理"的问题。

三、逻辑与理性

我们知道,不论是概念、判断和推理,还是真值函项和真值联结词,都是对于我们的思维活动或者说理性活动的一种抽象,而这种抽象的目的正是为了能以量化的方式对我们的理性展开清晰而准确的刻画。从这个角度来看,我们就可以说:逻辑是对于理性的一种刻画,而逻辑学所试图完成的正是这么一种对理性的刻画。

进而言之,这种刻画反过来又可以对我们的理性或者说思维活动进行规范。就比如说,在我们对于三段论尚不知晓的时候,我们的思维尽管也可以自发地进行三段论的推理,但却不能保证避免和及时发现错误。在我们学习了三段论之后,我们就会自觉地以三段论的方式来进行推理,并且这种推理的方式也将迥异于此前的推理而呈现出清晰和精确的特征,以及在相当程度上的可检验性。

也就是说,一旦我们以三段论来进行推理,那我们中的某个人所进行的三段论推理在我们之间就具有显而易见的可检验性,正是这种可检验性将我们的理性活动从某个人的观念中搬到了某种可为具备相应知识的人所共睹的场所之中,而使得这个人所进行的思维活动具备了主体间的开放特征。当然,这么说还是非常含糊的,但这已足够让我们看到:逻辑作为对理性的一种刻画同时也是对理性的一种规范,至少,正是逻辑使这种规范成为可能。

总的来说,逻辑学在一定程度上是对理性的一种刻画和规范,由于这种刻画和规范的活动从其结果的整体上来看也是理性的一种自我实现,所以,逻辑学也就是理性对其自身的一种刻画和规范。

结语
"证明 A 是 A"的逻辑思考

人需要真理,就像瞎子需要明快的引路人一样。

——高尔基(Maxim Gorky)

如何证明 A 是 A？直觉认为,A 是 A 还需要证明？A 本来就是 A,因此,该问题被斥为荒谬。而问题的提出者,若是公务人员,则可能被说成无理取闹,甚至被定性为一种惰政。静心一想,这个问题并不简单,下文拟从逻辑的角度提几个问题,并略作分析。

首先,如何证明 A 是 A,为什么说这个问题在逻辑上是荒谬的？

从逻辑上讲,A 是 A,如同 $p \forall p$（p 蕴含 p）一样,是同一律的表现,亦即,作为形式逻辑的基本规律,A 是 A,p 蕴含 p,是不证自明的,是所有理性思维必须遵守的规则。在这个意义上,如何证明 A 是 A,一般的逻辑本身也无法证明,显然该提问是强人所难,不可理喻。因此,逻辑无需证明 A 是 A,而

A 是 A 是一切逻辑推理必须遵守的准则。但离开了逻辑，走向现实的言语交际语境，情况则有很大的不同。

其次，如何证明 A 是 A，在什么情况下，这个问题是有意义的？

从逻辑上看，所有的问题都有预设，而预设则是问题的背景命题，若这个背景命题为假，则这个问题是没有意义的。例如，张三是否戒烟？该问题的预设是张三曾经吸过烟，若张三从不曾吸过烟，则上述问题是没有意义的。如何证明 A 是 A，这个问题预设了 A 是 A 有待证明，进一步，也预设有可能 A 不是 A；以此推论，若 A 是 A 从来一直都是成立的，亦即，从来不曾出现 A 不是 A 的情况，故无需证明 A 是 A，则如何证明 A 是 A 这个问题是无意义的。因此，问题回到是否有可能 A 不是 A，或者，在什么情况下 A 不是 A。亦即在有可能 A 不是 A 的情况下，如何证明 A 是 A 是有意义的。

虽然在逻辑上 A 是 A 是必然的，无需证明；但在现实的言语交际语境中，"A"的确有可能不是 A，仍有待证明。实际上，正确的问题应该是：如何证明"A"是 A？其中，第一个 A 被加上了引号，表示"A"是一个名称，仅是被提及；而第二个 A 没有加引号，A 在问题中是实指，属于使用。因此，"如何证明'A'是 A"的问题，实际上转化为一个名实是否相符的问题，即 A 之名是否符合于 A 之实？

为解释这一问题，或可参考《西游记》中的一个小故事。

在其第三十四回《魔王巧算困心猿　大圣腾挪骗宝贝》中,二魔问:"我且叫你一声,你敢应我么?"那魔举着宝葫芦叫:"者行孙。"行者心想:"我真名字叫做孙行者,起的鬼名字叫做者行孙。真名字可以装得,鬼名字好道装不得。"但忍不住,应了他一声,结果被葫芦吸进去了。原来那宝贝,不管名字真假,只要应声就可以装进去。

在这个故事中,出现了两个名字:孙行者和者行孙,但实际只有一个对象:孙行者。尽管"者行孙"是假名,宝葫芦的法力却强大到不分名字真假,只要被叫者应声就能把他吸进去。实际上,这属于二名一实的情况,即,A、B 同为某实之名。在此处讨论的意义在于,孙行者是孙行者,A 是 A,无需证明,而者行孙是孙行者,B 是 A,则有待证明。在此种情况下,如何证明"B"是 A,这个问题是有意义的。

既然有"二名一实"的情况,相应地也会有"一名二实"的情况,亦即两人同名,A 之名同是 A、B 之实,在此种情况下,如何证明"A"是 A,如何证明"A"是 B,这两个问题都是有意义的。因此,我们不能简单地将"如何证明 A 是 A"的问题说成是荒谬的、无意义的。而应该说,在现实的交际语境中,由于存在"二名一实"和"一名二实"的可能性,该问题是有意义的。

如何区分《西游记》第五十八回《二心搅乱大乾坤　一体难修真寂灭》出现的那个六耳猕猴与孙行者,其师父唐三藏甚至观音等神仙都难以做到。实际上,仅靠有限的某些属性无法区分两个不同的个体,因为,逻辑上总是有可能存在两个个体在有限属性上的相同;而若要证明两个个体在无限多的属性上相同,在实际的交际语境中又不可能。因此,在这个意义上,如何证明"A"是 A,不仅是有意义的,而且是十分困难的。

最后,如何证明"A"是 A,加盖公章的一纸证明是否有效?

显然,在前述该问题有意义的情况下,不能在逻辑中得到证明,即达不到逻辑必然的有效性。如果证明了"A"是 A,等于是表明"'A'是 A"是真的。而根据塔斯基的形式语义学解释,ϕ 是真的,必须满足于 T 模式:$T\ulcorner\phi\urcorner\leftrightarrow\phi$,读作「$\phi$」是真的,当且仅当 ϕ。应用到这里讨论的问题,就是说,"'A'是 A"是真的,当且仅当"A"是 A,这是我们对于"……是真的"这一短语用法的一种素朴直觉。至此,问题依然回到为什么"A"是 A,如何在实际交际语境中证明"A"是 A。

在具体的操作中,相关部门通常求助于加盖公章的一纸证明,上书此证证明"A"是 A。而加盖公章的证明,在当前的中国社会,反映的是某种相信或断定的依据。实际上,加盖公章的证明只是某种担保,也即由它担保:"'A'是 A"是真的,换言之,"'A'是 A"是有根据的,"'A'是 A"是可断定的。这里,一纸证明的有效,在于人们对于公章的信任。

可是,这只是对于需要该证明的一方而言,亦即,证明持有者或被证明者可以据此向第三方表明:"'A'是 A"是有根据的,可信任的;而对于加盖公章的证明人或盖章者而言,如何证明"A"是A,依然是个问题。这直接导致在实际的操作中,某单位要求另一单位证明"A"是A,而另一单位实际上无法证明"A"是A的情况,加盖公章实质上只是某种担保,是在交际语境中,相互信任得以传递的某种凭据。

总之,证明"'A'是A"这个问题在一定意义上仍是有意义的;通过盖章来证明"A"是A,对于盖章者来说,属于某种社会信用上的担保。但如果社会的诚信得以提高,则这种担保亦可避免那种行政盖章的繁琐流程。而提高社会诚信的基础在于以逻辑思维为根本的社会基本科学素养的整体提升。

参考文献

外文文献

Apel, Karl-Otto (1981), *Charles S. Peirce: From Pragmatism to Pragmaticism*. Amherst: The University of Massachusetts Press.

Aristotle (1933), *Metaphysics*, translated by Hugh Tredennick, Cambridge: Harvard University Press.

— (1999), *Metaphysics*, trans. Richard Hope, China Social Sciences Publishing House.

Armstrong, D. M. (1997), *A World of States of Affairs*, Cambridge: Cambridge University Press.

Beall, Jc. and B. Armour-Garb (2005) (eds.), *Deflationism and Paradox*, Oxford: Oxford University Press, 7-22.

Bernstein, Richard J. (1969) Encyclopedia of Philosophy, Vol. 2, "Dewey, John", Macmillan.

Blanshard, B. (1939), *The Nature of Thought*, Routledge.

Bradley, F. H. (1914), *Essays on truth and reality*, Oxford University Press.

Brent, Joseph (1998), *A life: Charles Sanders Peirce*. Indiana University Press.

Bryan Frances (1998), *Arguing for Frege's Fundamental Principle*, Mind & Language, Vol. 13. No. 3 September.

Candlish, Steward (1996), *The Unity of the Proposition and Russell's*

Theory of Belief (1996), in *Bertrand Russell and the Origins of Analytical Philosophy*, Edited by Monk, R., and Palmer, A., Bristol: Thoemmes Press, pp. 102–135.

Cantini, Andrea (1990), *A Theory of Truth Formally Equivalent to ID_1*, Journal of Symbolic Logic 55(1990), 244–59.

Davidson, Donald (1984), *Inquiries into Truth and Interpretation*, New York, Clarendon Press: Oxford, Oxford University Press.

Devitt, Michael (1984), *Realism and Truth*, Oxford: Blackwell.

Dowden, Bradley (2004), Norman Swartz, *Truth*, Internet Encyclopedia of Philosophy.

Dummett, Michael (1978), *Truth and Enigmas*. Duckworth.

— (1981a), *Frege Philosophy of Language*. Harvard University Press.

— (1981b), *The Interpretation of Frege's Philosophy*. Harvard University.

— (1991a), *In The Sea of Language*. Oxford: Clarendon Press.

— (1991b), *The Logical Basics of Metaphisics*. Harvard University Press.

— (2004), *Truth and The Past*. New York: Columbia University Press.

Field, Hartry (2008), *Saving Truth from Paradox*. Oxford University Press.

Fisch, Max (1986), *Peirce, Semiotics, and Pragmatism: Essays by Max H. Fisch*. Bloomington: Indiana University Press.

Frege, G. (1918), *The Thoughts: A Logic Inquiry*, Mind, vol. 65, pp. 289–311.

— (1954), *Foundation of Arithmetic*. Oxford: Basic Blackwell.

— (1967), *The Basic Laws of Arithmetic*. University of California Press.

— (1977), *Logical Investigations*. Translate by F. T. Geach and R. H. Stoothoff. Yale University Press.

— (1980), *Philosophical and Mathematical Correspondence*. Translated by Hans Kaal. Oxford: Basil Blackwell.

— (1984), *Collected Paper on Mathematic, Logic, and Philosophy*. Oxford: Basic Blackwell.

Glanzberg, Michael (2006). *Truth*, Stanford Encyclopedia of Philosophy.

Grover, D. L. (1992), Camp, J. L., Belnap, N. D., A prosentential theory of truth, Princeton University Press, 1992, 27(2): 73 - 125.

Haack, R. J. and Susan Haack (1970), *Token-Sentences*, Translation and Truth-Value, Mind, New Series, Vol. 79, No. 313, pp. 40 - 57.

Halbach, Volker (1994), A System of Complete and Consistent Truth, *Notre Dame Journal of Formal Logic*, 35: 311 - 27.

— (2006a), *Axiomatic Theories of Truth*. The Stanford Encyclopedia of Philosophy (Spring 2006 Edition), Edward N. Zalta (ed.), http://plato.stanford.edu/archives/spr2006/entries/truth-axiomatic/.

— (2006b), *How not to state the T-sentences*. Analysis 66 (2006), 276 - 280, correction in vol. 67, 268.

— (2006c), Leon Horsten, *Axiomatizing Kripke's Theory of Truth*. Journal of Symbolic Logic 71 (2006), 677 - 712.

— (2008), *On a Side Effect of Solving Fitch's Paradox by Typing Knowledge*. Analysis 68 (2008), 114 - 120.

— (2009a), *On the Benefits of a Reduction of Modal Predicates to Modal Operators*, in Reduction-Abstraction-Analysis. proceedings of the 31st International Wittgenstein Symposium Kirchberg, Ontos Verlag, Heusenstamm bei Frankfurt a. M, 323 -333.

— (2009b), *Reducing Compositional to Disquotational Truth*. Review of Symbolic Logic 2, 786 - 798.

— (2011), *Axiomatic Theories of Truth*, Cambridge University Press.

Harvey Siegel (1985), Tarski a relativist? Analysis, Vol. 45, No. 2, pp. 75 - 76.

Hegel, Georg W. F. (1807), *Phänomenologie des Geistes*, Gutenberg Ebook.

Herbert, Keuth (1978), *Tarski's Definition of Truth and the Correspondence Theory*, Philosophy of Science, Vol. 45, No. 3 (Sep., 1978), pp. 420 – 430.

Horsten, Leon (2011), *The Tarskian Turn: Deflationism and Axiomatic Truth*, MIT press.

Houser, Nathan & Kloesel, Christian (1992 – 1998), *The Essential Peirce*. Bloomington: Indiana University Press,, Vol 1 – 2.

Horwich, Paul (2001), *A defense of minimalism*, Synthese 126(1 – 2): 149 – 165 (2001).

James, William (1909), *The Meaning of Truth, A Sequel to 'Pragmatism'*, Longmans, Green.

Johansen, Jorgen Dines (1993), *Dialogic semiosis : an essay on signs and meaning*. Indiana University Press.

Kahane, Howard (1990), *Logic and Philosophy — A Modern Introduction*, Appendix A, *Logic and a Traditional Problem in Philosophy*, Wadsworth Publishing Company, Belmont California, Sixth Edition.

Künne, W. (2003), *Conceptions of Truth*, Oxford: Clarendon Press.

Lemmon, E. J. (1966), *Sentences, Statements, and Propositions*, in *British Analytical Philosophy*, ed. by B. Williams and A. Montefiore, Routledge Kegan Paul, p. 103.

Mario Gómez-Torrente (2006), *Alfred Tarski*, http://plato.stanford.edu/entries/tarski/.

Maudlin, Tim (2004), *Truth and Paradox*, Clarendon Press, Oxford.

McGee, Vann (1991), *Truth, Vagueness, and Paradox: An Essay on the Logic of Truth*, Hackett Publishing.

Montague, R. (1963), *Syntactical treatments of modality*, with corollaries on reflection principles and finite axiomatizability. Acta Philosophica Fennica 16, p. 153 – 167.

Peirce, Charles S. (1878), *Illustrations of the Logic of Science. Third Paper. — How to Make Our Ideas Clear*. Popular Science Monthly 12 (January 1878): 293.

— (1901), *"Truth and Falsity and Error"* (in part), pp. 718–720 in J. M. Baldwin (ed.), *Dictionary of Philosophy and Psychology*, vol. 2. Reprinted, CP 5. 565–573.

— (1932–58), *Collected works of Charles Sanders Peirce*, Bistol, England, Thoemmes Press, 1932–1958 : vol. 1,58; para. 141.

P. E. P. (Peirce Edition Project,1982–). *The Writings of Charles S. Peirce: A Chronological Edition*. Bloomington: Indiana University Press,, Vol 1–8.

Popper, Karl (1979), *Is it true what she says about Tarski?* Philosophy, Vol. 54, No. 207, p. 98,

Rahman Shahid, Tulenheimo Tero, Genot Emmanuel, *Unity, Truth and the Liar : The Modern Relevance of Medieval Solutions to the Liar Paradox*, Springer Science & Business Media. 2008.

Rescher, N. , *The Coherence Theory of Truth*, Clarendon Press, 1973.

Richard C. Jennings, *Popper, Tarski and relativism*, Analysis, Vol. 43, No. 3, pp. 118–123,1983.

Richard C. Jennings (1987), *Is It True What Haack Says about Tarski?* Philosophy, Vol. 62, No. 240 (Apr. , 1987), pp. 237–243.

Robin, Richard S. (1967), *Annotated Catalogue of The Papers of Charles S. Peirce*. Amherst: The University of Massachusetts Press.

Rorty, Richard (1991), *Objectivity, Relativism and Truth*. Cambridge: Cambridge University Press.

Russell, B. (1903), *The Principles of Mathematics*, London: George Allen and Unwin.

— (1905), *The Nature of Truth*, in his *Foundations of Logics*: 1903–05, edited by Alasdair Urquhart, London and New York: Routledge, 1994.

— (1908), *Mathematical Logic as based on the theory of types*.

American Journal of Mathematics, Vol. 30, No. 3 (Jul. , 1908).
— (1912), *Problems of Philosophy*, Oxford: Oxford University Press.
— (1918), *The Philosophy of Logical Atomism*, in *The Philosophy of Logical Atomism*, London and New York: Routledge, 2010.
Sluga, H. (1980), *Gottlob Frege*. Routledge & Kengan Paul.
Strawson, P. F. (1950a), *On Referring*, *Mind*, New Series, Vol. 59, No. 235 (Jul. , 1950), pp. 320-344.
— (1950b), *Truth*, Proceedings of the Aristotelian Society suppl. vol. xxiv, 1950.
— (1953), *Introduction to Logical Theory*, Methuen & Co. Ltd. , II new fetter lane, London.
Stephen Leeds (2007), *Correspondence truth and scientific realism*, *Synthese*, Vol. 159, No. 1, pp. 1-21.
Stevens, G. (2008), *Russell and the Unity of the Proposition*, *Philosophy Compass*, 3/3: pp. 491-506.
Susan Haack, (1976), *Is it true what they says about Tarski?*, Philosophy, Vol. 51, No. 197, pp. 323-336.
— (1978), *Philosophy of Logics*. Cambridge University Press.
Tarski, Alfred, (1933), *The concept of truth in formalized languages*, in *Logic, Semantics, Metamathematics*, translated by J. H. Woodger, Hackett Publishing Company, Indianapolis, 2nd edition, 1983.
— (1935), *Der Wahrheitsbegriff in den formalisierten Sprachen*. Studia Philosophica, 1: 261-405.
— (1944), *The semantic conception of truth: and the foundations of semantics*, *Philosophy and Phenomenological Research*, Vol. 4, No. 3, pp. 341-376.
— (1956), *The Concept of Truth in Formalized Languages*, in Logic, Semantics, Metamathematics, Clarendon Press.

中文文献

阿佩尔(2005). **哲学的改造**. 孙周兴等译. 上海译文出版社.

埃姆斯,E. R. (1993). **罗素与其同时代人的对话**. 于海,黄伟力译. 谢遐龄校. 云南人民出版社.

北京大学外国哲学史教研室(1982)编译. **西方哲学原著选读**. 上卷,商务印书馆.

波普尔,卡尔(1986). **猜想与反驳——科学知识的增长**. 傅季重等译. 上海译文出版社.

——(1987). **客观知识: 一个进化论的研究**. 舒炜光等译. 上海译文出版社.

布伦特,约瑟夫(2008). **皮尔士传**. 邵强进译. 上海人民出版社.

陈波(2001). **逻辑哲学导论**. 中国人民大学出版社.

陈鼓应(1983)注译. **庄子今注今译**. 中华书局.

陈嘉映(2003). **语言哲学**. 北京大学出版社.

杜威,约翰(2010). **杜威全集·早期著作**(第 3 卷). 吴新文,邵强进译. 华东师范大学出版社.

——(2016). **杜威全集·晚期著作**(第 12 卷)(《逻辑: 探究的理论》). 邵强进,张留华,高来源译. 华东师范大学出版社.

达米特,迈克尔(2004). **形而上学的逻辑基础**. 任晓明等译. 中国人民大学出版社.

——(2005). **分析哲学的起源**. 王路译. 上海译文出版社.

戴维森,唐纳德(2007). **对真理和解释的探究**. 牟博,江怡译. 中国人民大学出版社.

——(2006). **试图定义真概念是愚蠢的**. 王路译. 世界哲学,2006 年第 3 期,第 90—98 页.

——(2008). **真理、意义与方法: 戴维森哲学文选**. 牟博编选. 商务印书馆.

德瓦尔(2003). **皮尔士**. 郝长墀译. 中华书局.

弗雷格(1998). **算术基础**. 王路译. 王炳文校. 商务印书馆.

——(2006). **弗雷格哲学论著选辑**. 王路译. 王炳文校. 商务印书馆.

格雷林,A. C. (1990). **哲学逻辑引论**. 牟博译. 涂纪亮校. 中国社会科学出版社.

海德格尔(1987). **存在与时间**. 陈嘉映,王庆节译. 生活·读书·新知三联书店.

郝兆宽(2008)主编. **逻辑与形而上学**. 上海人民出版社.

贺柏和(2014). **真之公理化理论**. 邵强进译. 载《哲学分析》2014 年第 4 期,第 115—126 页.

赫尔德,J. G. (1998). **语言的起源**. 姚小平译. 商务印书馆.

洪谦(1964)主编. **西方现代资产阶级哲学论著选辑**. 商务印书馆.

胡泽洪(2007). **"真"之逻辑哲学省察**. 载《哲学研究》2007 年第 5 期.

黄维(2012). **论阿姆斯特朗使真者理论中的受限衍推原则**. 硕士学位论文,指导教师: 邵强进,复旦大学.

金岳霖(1994a). **知识论**. 参见《金岳霖文集》(第三卷),甘肃人民出版社.

——(1994b). **关于真假的一个意见**. 参见《金岳霖文集》(第二卷),甘肃人民出版社.

克里普克,索尔(1988). **命名与必然性**. 梅文译. 上海译文出版社.

奎因,W. V. (1987). **从逻辑的观点看**. 江天骥等译. 上海译文出版社.

——(1999). **真之追求**. 王路译. 生活·读书·新知三联书店,1999 年版.

——(2007). **蒯因著作集**(第四卷). 涂纪亮,陈波主编. 中国人民大学出版社.

李匡武(1985)主编. **中国逻辑史资料选(先秦卷)**. 甘肃人民出版社.

李秀林等(1995). **辩证唯物主义和历史唯物主义原理**. 中国人民大学出版社.

李主斌(2013). **事实、真理与符合**. 博士学位论文,指导教师:张志林,复旦大学.

——(2010). **塔斯基:语义性真理论与符合论**. 硕士学位论文,指导教师:邵强进,复旦大学.

列宁(1974). **哲学笔记**. 中共中央马克思恩格斯列宁斯大林著作编译局译. 人民出版社.

刘大为,李娜(2013). **真理论的转向:由定义到公理化**. 载《哲学研究》2013 年第 5 期,第 118—126 页.

刘永富(2002). **真假论纲**. 中国社会科学出版社.

吕澂(1991). **吕澂佛学论著选集**. 齐鲁书社.

卢卡西维茨(1995). **亚里士多德的三段论**. 商务印书馆出版.

马蒂尼奇,A.P.(2006)编. **语言哲学**. 牟博,杨音莱,韩林合等译. 商务印书馆.

马荣(2013). **杜威实用主义诸问题研究——以情境探究论视野中的真理论为线索**. 博士学位论文,指导教师:刘放桐,复旦大学.

威廉·涅尔,玛莎·涅尔(1995). **逻辑学的发展**. 张家龙,洪汉鼎译. 商务印书馆.

苗力田(1994)主编. **亚里士多德全集(第Ⅰ卷)**. 中国人民大学出版社.

欧阳康(2005)主编. **当代英美著名哲学家学术自述**. 人民出版社.

彭媚娟(2012). **"真"是否有本质——基于真理符合论与紧缩论的比较**. 载《自然辩证法研究》2012第4期,第7—11页.

皮尔森,查尔斯(2005). **神在科学推理中的作用**. 邵强进译. 载张庆熊,徐以骅主编《基督教学术》第三辑,上海古籍出版社.

全增嘏(1999). **西方哲学史**. 上海人民出版社.

任书建(2012). **浅析弗雷格的"真"概念——从实在论的观点看**. 硕士学位论文,指导教师:邵强进,复旦大学.

塞尔,约翰(2001). **心灵、语言和社会**. 李步楼译. 上海译文出版社.

邵强进(2004a). **先秦正名思想对中国传统思维方式的影响**. 载《江海学刊》2004年第5期,第208—212页.

——(2004b). **"是非""真假"的词源辨析及其逻辑哲学思考**. 载《兰州学刊》2004年第3期,第75—77页.

——(2009a). **逻辑与思维方式**. 复旦大学出版社.

——(2009b). **真和真理的逻辑哲学考察**. 载燕爽,桑玉成主编,《道路与经验》,复旦大学出版社,2009年8月,第311—324页.

——(2010). **关于"真"的逻辑哲学思考**. 载《复旦》校刊2010年3月10日,第6版.

——(2011). (合作者:黄维)**皮尔士真理观的实践意义**. 载《广西大学学报》(哲学社会科学版)2011年4月第2期,第69—72页.

——(2013). **真与悖论问题——贺柏和"真"之公理化进路浅析**. 载《重庆

理工大学学报》(社会科学版)2013年9月第9期,第69—73页.

——(2014).(合作者:李主斌)**论罗素的事实概念——兼与翟玉章教授商榷**.载《南昌大学学报》(人文社会科学版)2014年第2期,第19—25页.

——(2015).**逻辑悖论视角下的真概念**.载杨国荣主编,华东师范大学中国现代思想文化研究所编,《思想与文化》第17辑,华东师范大学出版社,2015年12月,第217—230页.

沈跃春(1995).**走出悖论定义理论的误区——对黄展骥和几种流行的悖论定义的辩驳**.载《人文杂志》,1995年5月,第129—134页.

石先祥(2009).**浅析弗雷格对算术真问题的探讨及其意义**.硕士学位论文,指导教师:邵强进,复旦大学.

宋文坚(1991).**西方形式逻辑史**.中国社会科学出版社.

苏珊·哈克(2003).**逻辑哲学**.罗毅译.张家龙校.商务印书馆.

孙中原(1987).**中国逻辑史(先秦)**.中国人民大学出版社.

——(1993).**墨学通论**.辽宁教育出版社.

王路(2003).**是与真**.人民出版社.

维特根斯坦,路德维希(2001).**哲学研究**.陈嘉映译.上海人民出版社.

文德尔班(1964).**历史与自然科学**.王太庆译.载《西方现代资产阶级哲学论著选辑》,商务印书馆.

温公颐(1983).**先秦逻辑史**.上海人民出版社.

肖德龙(2015).**浅论"逻辑:探究的理论"中的真理观——兼述罗素对杜威的批评**.硕士学位论文,指导教师:邵强进,复旦大学.

熊明(2014).**塔斯基定理与真理论悖论**.科学出版社.

杨熙龄(1980).**悖论研究八十年**.载《国外社会科学》1980年第7期.

叶子(2013).**探究的逻辑——杜威探究理论研究**.博士学位论文,指导教师:汪堂家,复旦大学.

袁正校,何向东(1998).**关于真谓词的冗余论的若干问题**.载《1998年逻辑研究专辑》.中国逻辑学会.

许慎(1963).**说文解字**.中华书局影印本.

张建军(2002).**逻辑悖论研究引论**.南京大学出版社.

周振忠(2005).**塔斯基的语义性真理论与符合论**.载《自然辩证法研究》

2005年第8期,第41—44页.

朱熹(1995)集注. **四书集注**. 上海古籍出版社.

朱志方(2002). **发现的逻辑：从皮尔士到波普**. 载《开放时代》2002年第6期.

——(2004). **什么是实用主义**. 载《中国现代外国哲学学会年会(2004年)会议论文》.

后记

回想十余年前,复旦大学哲学系曾组织了一套哲学交叉学科丛书,本人承担了《逻辑哲学》的写作,由于精力与能力的限制,虽然陆续完成了大部分初稿,但最终没有跟上出版的步骤,甚为遗憾。幸运的是,十年来,本人的兴趣从逻辑哲学的相关问题逐渐聚焦到"真"理论的分析与探讨,从中国传统的"真"概念与西方、印度的比较,到后期墨家思想的辨析;借助参与《杜威全集》中相关逻辑主题的翻译,关注于皮尔士、杜威等对于"真"的实用主义解释;通过市教委重点项目的课题支持,专注于公理化"真"理论的认识与分析;与此同时,也相继指导了多篇与"真"理论相关的硕士生学位论文,深入探讨了弗雷格、塔斯基、维特根斯坦、阿姆斯特朗、杜威等贤哲的相关思想;在此基础上,形成了《逻辑真》这本小书。

自古希腊柏拉图以降,对"真"的分析一直受到哲学、逻辑学、语言学等多学科共同关注,近年来对"真"概念的讨论与技术化处理又成为逻辑学界的热点。本书试图从语形、语义及语用三方面,分析不同领域、不同用法及不同理论体系中的"真";并力图区分"真理""真命题"与"真"三个基本概念:"真理"是在观念中的东西,"真命题"是在语言层面上的存在,而"真"则是真命题所承载的一种属性;"真"作为一种属性,存在从不同的角度定义;但也有理论指其不可定义;借助于逻辑技术化方法,可以把"真"视为不加定义的初始谓词,形成真的公理化系统;但公理化的方法只是语形处理的一种尝试,对"真"的分析最终要回到理论语义及日常语用,因此,过程性、可错性与分析性、必然性在"真"之上的长期纠缠不可避免。本书中的想法只是一种尝试性的解释与引导,希望对于关心该问题的读者有所启发。

限于篇幅,本书对于诸多相关观点的分析详略不一,感谢对此主题展开研究的思想前辈,也感谢李主斌、任书建、黄维、肖德龙、汤铭钧等在读逻辑学专业硕士研究生期间与本人在相关问题上的交流探讨。

感谢复旦大学哲学学院一直以来对于逻辑研究的支持与帮助,感谢复旦大学出版社陈军主任、范仁梅编辑对于本书的关心与督促。没有他们的友好、专业的编辑工作,本书又可能只是一部尚待完成的书稿。

由于本人水平有限,书中错误难免,恳请学界同仁批评指正。

邵强进

2016年8月于复旦光华楼

图书在版编目(CIP)数据

逻辑真/邵强进著.—上海:复旦大学出版社,2016.12
(当代哲学问题研读指针丛书　逻辑和科技哲学系列/张志林,黄翔主编)
ISBN 978-7-309-12733-1

Ⅰ.逻… Ⅱ.邵… Ⅲ.逻辑学　Ⅳ.B81

中国版本图书馆 CIP 数据核字(2016)第 298340 号

逻辑真
邵强进　著
责任编辑/范仁梅

复旦大学出版社有限公司出版发行
上海市国权路 579 号　邮编:200433
网址:fupnet@fudanpress.com　http://www.fudanpress.com
门市零售:86-21-65642857　团体订购:86-21-65118853
外埠邮购:86-21-65109143
浙江新华数码印务有限公司

开本 850×1168　1/32　印张 6.75　字数 117 千
2016 年 12 月第 1 版第 1 次印刷

ISBN 978-7-309-12733-1/B·593
定价:31.00 元

如有印装质量问题,请向复旦大学出版社有限公司发行部调换。
版权所有　　侵权必究